처음 배우는 어린이를 위한
스토리 코딩

처음 배우는 어린이를 위한
스토리 코딩

1판 1쇄 발행 | 2017. 6. 1.
1판 3쇄 발행 | 2019. 6. 10.

신지영·김열매 글 | 윤지회 그림 | 나훈희 감수

발행처 김영사
발행인 고세규
편집 김선민 디자인 김순수
등록번호 제 406-2003-036호
등록일자 1979. 5. 17.
주　　소 경기도 파주시 문발로 197(우10881)
전　　화 마케팅부 031-955-3102 편집부 031-955-3113~20
팩　　스 031-955-3111

© 2017 신지영, 김열매, 윤지회
이 책의 저작권은 저자에게 있습니다. 저자와 출판사의 허락 없이 내용의 일부를 인용하거나
발췌하는 것을 금합니다.

값은 표지에 있습니다.
ISBN 978-89-349-7758-2 73500

좋은 독자가 좋은 책을 만듭니다. 김영사는 독자 여러분의 의견에 항상 귀 기울이고 있습니다.
독자의견전화 031-955-3139 | 전자우편 book@gimmyoung.com
홈페이지 www.gimmyoungjr.com | 어린이들의 책놀이터 cafe.naver.com/gimmyoungjr

이 도서의 국립중앙도서관 출판시도서목록(CIP)은 서지정보유통지원시스템 홈페이지(http://seoji.nl.go.kr)와
국가자료공동목록시스템(http://www.nl.go.kr/kolisnet)에서 이용하실 수 있습니다. (CIP제어번호 : CIP2017009283)

어린이제품 안전특별법에 의한 표시사항
제품명 도서　제조년월일 2019년 6월 10일　제조사명 김영사　주소 10881 경기도 파주시 문발로 197
전화번호 031-955-3100　제조국명 대한민국　⚠주의 책 모서리에 찍히거나 책장에 베이지 않게 조심하세요.

처음 배우는 어린이를 위한

스토리 코딩

신지영 글 | 윤지회 그림 | 나훈희 감수

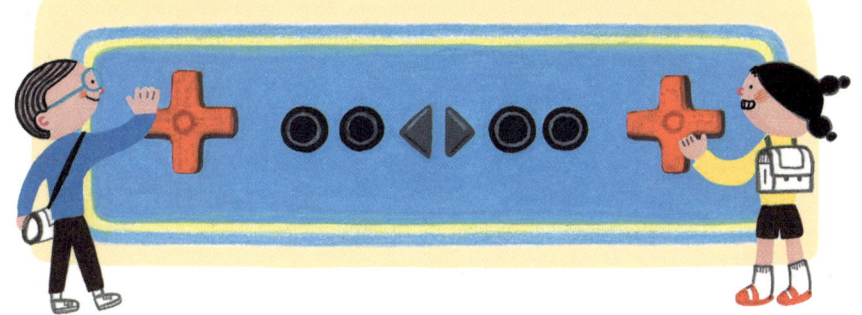

주니어김영사

코딩과 친구가 되어 보아요!

　문득 컴퓨터를 처음 만났을 때가 생각납니다. 당시에 컴퓨터는 영화 속 멋진 주인공들이나 사용하는 최첨단 기기였어요. 그런 컴퓨터가 우리 집에 생긴다니 정말 꿈만 같았죠. 두근대는 가슴으로 처음 컴퓨터의 전원을 눌렀을 때는 가족 모두가 흥분한 표정을 감출 수가 없었어요. 컴퓨터는 그야말로 마법의 상자였어요. 마우스와 키보드만 사용하면 내가 원하는 대로 척척 이루어졌으니까요.

　사실 컴퓨터가 작동하는 원리가 궁금해서 큰마음 먹고 프로그래밍 책을 뒤적여 보기도 했지만 금세 포기했어요. 복잡한 컴퓨터 용어가 마치 외계인 언어처럼 낯설게 느껴졌거든요.

　시간이 한참 지나고 나서야 컴퓨터 프로그램의 중요한 비밀을 알게 됐어요. 바로 '코딩'이라는 마법의 도구랍니다. 논리적으로 차근차근 코딩을 하면 어떤 프로그램도 뚝딱 만들 수 있거든요.

　이 책은 초등학교 수업에서 배우게 될 코딩 교육 수준에 맞춰 기초 알고리즘부터 스크래치 프로그램 활용법까지 폭넓게 다루고 있어요. 또한 어린이들이 코딩을 자연스럽게 배울 수 있도록 재밌는 이야기 형식으로 구성했답니다. 쉽고 재밌는 코딩 책을 쓸 수 있도록 도움을 주신 배현 선생님과 어다인의 양준호 대표님께도 감사드립니다.

어린이 여러분이 이 책을 통해 신나고 재미있는 코딩 친구를 사귈 수 있기를 바랍니다.

신지영 · 김열매

차 례

코딩이 뭐야? 인공지능과 컴퓨터 8
코딩의 역사 22

연극 소동 명령어와 좌표 24
좌표란 무엇일까요? 40

지각을 피하는 비결 순서도 42
알고리즘과 순서도 56

스피드 왕이 될 거야! 알고리즘 58
알고리즘의 종류 70

엄마 없는 하루 프로그램 설계하기 74
빨래하기 알고리즘 86

한번 해 볼까? 스크래치로 코딩하기 88
스크래치 세상에 온 것을 환영합니다! 108

같이 코딩 만들래? 110

코딩이 뭐야?
인공지능과 컴퓨터

금요일 오후, 수업이 끝난 승희가 학교 계단을 내려오고 있었다.

"승희야, 집에 가는 거야?"

뒤를 돌아보니 단짝 혜영이었다.

"응, 너는?"

"헤헤, 난 진짜 재미있는 거 하러 가."

"그게 뭔데?"

혜영이는 자꾸 웃기만 할 뿐 쉽사리 대답하지 않았다. 그럴수록 승희는 궁금증이 퐁퐁 샘솟았다.

"뭔데 그래? 재밌는 거 나도 같이 하자!"

혜영이는 승희를 보며 씩 웃더니 가만히 속삭였다.

"실은 나 요즘 코딩 배우거든."

"에이, 뭐야! 지겨운 공부잖아."

"나도 처음에는 딱 너처럼 굴었어. 근데 그게 아니더라. 코딩은 진짜 재미있어."

혜영이의 말에 승희는 얼굴을 찌푸리며 고개를 저어 댔다.

"어휴, 골치 아파. 이제 학교에서도 코딩을 배운다던데."

"맞아! 코딩 과외 하려고 한 달에 수백 만원을 쓰기도 한대."

"그러니까 더 하기 싫다. 난 집에 가서 텔레비전이나 볼래."

승희는 혜영이에게 손을 흔들고 버스에 올라탔다. 오늘따라 자리가 텅텅 비어 있었다. 편안히 앉아 창밖을 보니 거리도 한산했다.

'이상하네. 왜 이렇게 사람이 없지?'

하지만 정말로 이상하다고 느낀 것은 집에 도착해서 초인종을 누른 다음이었다. 평소와 달리 한참이 지나도 현관문은 열리지 않았다. 기다리다 짜증이 난 승희가 다시 벨을 꾹 누르니 그제야 '찰칵' 하고 문이 열렸다. 거실로 들어서니 아빠, 엄마, 승희의 쌍둥이 남동생 승현이가 소파에 나란히 앉아 텔레비전 화면만 뚫어져라 쳐다보고 있었다. 승희는 잔뜩 심통이 나서 외쳤다.

"다녀왔습니다."

아빠는 손을 휘저으며 말했다.

"승희야, 쉿! 지금 중요한 순간이야."

"그래, 승희야. 조용히 해."

엄마도 아빠와 크게 다르지 않았다.

승희가 보란 듯이 쿵쾅대며 욕실로 걸어갔지만 엄마 아빠는 별 관심이 없는 것 같았다. 머쓱해진 승희는 다시 거실로 향했다. 얼마나 대단한 방송이기에 딸이 왔는데 인사도 받지 않는지 궁금해서였다. 하지만 화면을 확인한 승희

는 더 기분이 나빠졌다.

'뭐야! 지구에 우주인이라도 쳐들어왔나 했더니 그냥 바둑 대결이잖아. 근데 좀 이상한데……?'

승현이도 엄마 아빠처럼 숨죽이고 바둑을 보고 있었기 때문이다. 승현이는 바둑의 '바'자도 모른다. 바둑할 시간이 있으면 컴퓨터랑 놀 아이였다. 승현이는 학교에서 컴퓨터 영재로 뽑혀서 따로 컴퓨터 심화 수업을 받고 있다. 승희는 혹시 잘못 봤나 싶어 다시 화면을 보았다. 하지만 아까와 똑같이 아저씨 두 명이 마주 앉아 바둑을 두고 있었다. 그리고 보니 엄마도 평소에 바둑을 좋아하지 않았다. 아빠는 바둑을 가끔 두긴 하지만 지금처럼 열심히 경기를 챙겨 볼 정도는 아니었다. 아무리 생각해도 승희는 이 상황이 이해되지 않았다. 결국 제일 만만한 승현이의 옆구리를 세게 꼬집었다.

"아야! 뭐야 너."

승현이가 깜짝 놀라 소리를 질렀다.

"쉿! 너희들 방으로 들어가서 떠들어."

아빠랑 엄마는 승희와 승현이를 쫓아냈다. 승희는 마침 잘됐다 싶어 승현이를 억지로 끌고 방으로 들어갔다. 방문을 닫자마자 승현이가 손을 뿌리치며 짜증을 냈다.

"야! 뭐야. 지금 정말 중요한 순간이란 말이야."

"시끄러워. 순순히 대답하지 않으면 네가 엄마가 아끼던 그릇 깨

트린 거 이를 거야."

"쳇, 치사하게! 궁금한 게 뭔데?"

"엄마랑 아빠, 그리고 너까지 관심도 없던 바둑을 열심히 보는 이유가 뭐야?"

승현이는 어이없다는 듯 고개를 저었다.

"뭐야, 이승희! 너무 실망스러운데. 인류의 미래가 달린 대결을 몰랐단 말야?"

인류의 미래가 달렸다는 말에 깜짝 놀란 승희가 주변을 두리번거리다 승현이의 얼굴에 바짝 다가가 속삭이듯 물었다.

"설마 진짜로 외계인이 지구를 쳐들어오기라도 한 거야?"

"진짜 바보냐? 뉴스도 안 봐?"

승현이가 피식 웃더니 놀려 댔다.

"너! 제대로 설명 안 하면 엄마한테 당장 이를 거야."

승희가 다시 승현이를 째려보며 소리쳤다.

"지금 세계 최초의 사건이 벌어지고 있어! 바둑 최고수인 사람과 슈퍼 컴퓨터의 대결이란 말이야. 그래서 지금 온통 난리가 났어."

승희가 깜짝 놀라 외쳤다.

"뭐? 기계랑 인간이 바둑을 둔단 말이야? 아까 잠깐 봤을 때는 아저씨 두 명이 바둑을 두는 것 같았는데……. 설마 그중 한 사람이 기계였어? 진짜 대단하네. 사람이랑 완전 똑같이 생겼어!"

승현이가 땅이 꺼지도록 한숨을 쉬었다.

"어휴! 둘 다 진짜 사람이야. 왼쪽 아저씨는 컴퓨터가 수를 생각하면 그대로 바둑돌을 놓을 뿐이라고."

"쳇! 별것도 아니잖아. 컴퓨터가 바둑 두는 게 뭐 대수라고 괜히 사람 놀래키고 있어."

흥미를 잃었다는 듯 승희가 투덜거렸다.

"그게 아니야. 지금까지 바둑은 컴퓨터가 절대로 사람을 이길 수 없는 영역이었어. 바둑의 다음 수를 예측하려면 단순히 계산 능력만 있어서는 안 되고 사람처럼 여러 가지 경우의 수를 복잡하게 생각해야 한단 말이야. 그래서 원래 컴퓨터는 사람과 감히 대결 상대도 되지 못했어."

"그런데?"

"지금 컴퓨터가 세계적인 바둑 고수를 이기기 일보 직전이란 말이야."

승현이가 열변을 토하자 승희도 덩달아 긴장한 얼굴이 되었다.

"아직도 모르겠어? 사람만 할 수 있던 일을 컴퓨터가 해내는 놀라운 순간이 다가오고 있어!"

"안되겠다. 우리도 얼른 나가 보자!"

둘은 재빨리 거실로 향했다. 아빠와 엄마는 승희와 승현이가 다시 나온지도 모르고 여전히 경기에 집중하고 있었다. 바둑 해설자

들이 심각한 표정으로 현재 상황을 설명해 주었다.

"아! 사람의 두뇌가 마침내 컴퓨터한테 지는 순간이 다가온 걸까요?"

"그렇습니다. 언젠가는 그리 될 줄 알았지만 이렇게 빠르리라고는 미처 예상치 못했습니다."

해설자들은 금방이라도 울 것 같은 얼굴이었다. '알파고'라는 이름의 컴퓨터를 상대하는 바둑 기사의 표정 또한 잔뜩 굳어 있었다. 승희는 바둑을 모르지만 그 모습을 보니 인간 대표가 컴퓨터한테 지는 것 같아 왠지 슬퍼졌다. 그때였다. 갑자기 해설자들의 얼굴이 밝아졌다.

"앗! 알파고가 또 이상한 수를 두었습니다."

"맞습니다. 생전 처음 보는 수입니다. 이세돌 9단이 드디어 승기를 잡는군요."

"역시 아직은 컴퓨터가 사람을 넘어서기는 이른 것 같습니다."

아빠와 엄마도 안도의 한숨을 내쉬는 것 같았다. 승희도 덩달아 기분이 좋아졌다. 하지만 승현이는 왠지 뽀로통한 표정이었다. 컴퓨터 영재라고 은근히 컴퓨터가 이기길 바라는 것 같았다. 그런데 시간이 조금 더 흐르자 해설자들이 다시 술렁이기 시작했다.

"아! 저 수가 저렇게 연결이 되나요? 사람은 절대 생각해 낼 수 없는 수입니다."

"그렇습니다. 오직 알파고만이 생각할 수 있는 수입니다. 이제 바둑의 최고수는 사람이 아니라 컴퓨터입니다."

"오늘은 인류의 역사에서 기억할 만한 날입니다. 컴퓨터가 지금까지 불가능하다고 여겨졌던 부분에 첫발을 내딛었습니다. 사람이 기계에 패배한 날입니다."

중계 방송이 끝나자 아빠는 얼른 텔레비전을 꺼 버렸다.

"에이 참. 앞으로 세상이 어떻게 되려고."

"왜 그렇게만 생각해요? 컴퓨터가 발전하면 앞으로 더 살기 좋아질 수도 있지요."

엄마가 아빠를 위로하듯 말했다. 분위기가 좋지 않자 승희는 다시 승현이를 데리고 자기 방으로 들어갔다. 그러고는 무서운 얼굴로 승현이를 몰아세웠다.

"야! 이승현, 너 솔직히 말해. 알피곤가 알파곤가 하는 그 녀석 응원했지?"

"그래. 응원했다. 그러면 안 되냐?"

"당연히 안 되지. 넌 인류의 배신자야."

"웃기고 있네. 그 대단한 알파고도 사람이 만든 거라고. 사람이 자동차보다 느리게 달린다고 자동차를 미워하면 되겠냐?"

승현이의 야무진 대답에 승희는 그만 말문이 막혔다.

"음....... 생각해 보니까 그런 것도 같네."

"그래, 오히려 알파고는 자동차처럼 인류에 큰 도움이 될 거야. 수술이나 재판도 컴퓨터가 하는 시대가 올 거라고."

"그게 정말 가능할까? 어떻게 그럴 수 있지?"

"원리는 어렵지 않아. 사람이 컴퓨터한테 수술이나 재판하는 방법을 입력하면 되는 거야. 그걸 코딩이라고 해."

승희는 요즘 아이들이 전부 코딩 공부를 한다던 혜영이의 말이 떠올랐다.

"도대체 코딩이 뭐야?"

"영어로 부호나 기호를 뜻하는 '코드(code)'에서 나온 말인데 사람이 쓰는 말을 컴퓨터가 알아들을 수 있도록 바꾸어 입력하는 걸 뜻해. 지금 내가 열심히 공부하는 거지."

"그럼 컴퓨터가 사람 말을 알아듣는다고?"

"바로 알아듣는 건 아니고 컴퓨터가 알아들을 수 있도록 바꾸는 과정이 필요해."

호기심이 생겼는지 승희가 다시 물었다.

"어떻게 바꾸는 건데?"

"컴퓨터랑 사람이 쓰는 말은 다르기 때문에 컴퓨터를 위한 언어가 따로 있어. 사람의 언어도 한국어, 영어, 중국어처럼 다양하듯이 컴퓨터 언어도 여러 가지가 있지."

"뭐가 있는데?"

"자바, 파이썬, C언어 같은 거야."

"도대체 그게 뭐야?"

"모를 때는 일단 보는 게 제일이지."

승현이는 책장에서 코딩 책을 한 권 빼서 건넸다. 승현이가 준 두꺼운 책을 펼쳐 보니 이상한 영어와 숫자가 어지럽게 쓰여 있었다. 승희는 얼굴을 잔뜩 찌푸렸다.

"코딩이란 건 역시 어려운 거구나! 어휴, 난 안 할래."

승희가 고개를 가로저으며 책을 덮자 승현이가 아쉬운 표정으로 말했다.

"아냐, 그렇게 겁먹지 마. 쉬운 것부터 하나씩 천천히 배우면 돼."

"됐어, 잘난 너나 실컷 배워. 어쨌든 난 안 할 테니까."

승희가 코딩 책을 책상에 아무렇게나 던져 놓자 승현이는 기분이 상했다.

"야! 요즘 세상에 코딩을 안 배우면 앞으로 어쩌려고 그래?"

"사람이 모든 걸 잘 할 수 없어. 정말 필요하면 누군가가 대신 해 주겠지."

승희가 자리에서 일어나자 승현이가 다급하게 말했다.

"승희야, 코딩 배우면 컴퓨터뿐 아니라 다른 공부도 잘하게 된단 말이야."

공부를 잘하게 된다는 말에 솔깃했는지 문을 열고 나가려던 승희가 잠시 멈칫했다.

"그게 정말이야?"

"그래."

"어떻게?"

"코딩을 배우면 컴퓨터처럼 생각할 수 있으니까."

"그게 무슨 헛소리야. 컴퓨터처럼 생각하면 컴퓨터나 잘하겠지 공부랑 뭔 상관이야. 괜히 놀리고 있어."

승희가 짜증 내며 방을 나가 버리자 머쓱해진 승현이는 괜히 머리만 긁어 댔다.

코딩의 역사

　우리는 컴퓨터와 스마트폰으로 많은 것을 할 수 있어요. 인터넷으로 궁금한 것들을 찾아볼 수도 있고, 문서 편집 프로그램으로 선생님께서 내 주신 숙제를 멋지게 준비할 수도 있죠. 이뿐인가요? 신나는 게임을 하기도 하고 메신저 프로그램으로 친구들과 재미있게 대화할 수도 있어요.

　이처럼 우리 생활 속에서 유용하게 쓰이고 있는 수많은 프로그램들은 코딩을 통해 만들어졌어요. 코딩은 컴퓨터가 사람의 명령을 수행하도록 말을 거는 작업이에요. 처음 컴퓨터가 만들어졌을 때에 코딩은 무척 어려웠지만, 컴퓨터를 사용하는 사람들이 늘어나면서 점차 편리하게 코딩을 사용해 프로그램을 만들 수 있는 방법이 개발되었어요.

천공카드

　편지봉투만 한 종이에 구멍을 뚫어서 정보를 저장하는 카드입니다. 컴퓨터가 처음 만들어졌을 때는 이 천공카드를 사용해 컴퓨터에 말을 걸었어요. 규칙에 따라 구멍을 뚫어서 코딩을 했는데, 구멍을 하나라도 잘못 뚫으면 처음부터 다시 뚫어야만 했어요. 거기다 컴퓨터에 말을 거는 과정이 사람의 언어와 너무 달랐기 때문에 프로그램 만들기가 어려웠어요.

컴퓨터 언어

C언어, 자바, 파이썬 등의 프로그래밍 언어를 뜻합니다. 이런 언어들은 사람의 말과 비슷하기 때문에 키보드로 문서를 작성하듯이 코딩할 수 있어요. 예전보다는 프로그램을 개발하는 일이 한결 편리해졌지만, 컴퓨터 언어를 전문적으로 배운 사람만 사용할 수 있다는 단점이 있어요.

교육용 프로그래밍 언어(EPL)

최근 개발된 교육용 프로그래밍 언어는 미국 MIT 대학에서 만든 스크래치(Scratch)와 우리나라에서 만든 엔트리(Entry)가 대표적이에요. 교육용 프로그래밍 언어는 레고 장난감처럼 생긴 다양한 명령어 블록으로 구성되어 있어요. 마우스로 블록을 이리저리 움직여서 손쉽게 프로그램을 만들 수 있기 때문에 어린이들도 코딩에 도전할 수 있답니다.

EPL은 Educational Programming Language의 약자입니다.

연극 소동
명령어와 좌표

푸른 잎이 풍성한 나무 모자를 쓴 승희는 자기도 모르게 웃음이 나왔다. 헐렁한 모자가 자꾸 흘러내렸지만 그런 건 상관없었다. 마치 왕관을 쓴 것 같은 기분이었다. 승희는 모자를 쓰고 안방에 있는 거울에 가서 비춰 보았다. 싱싱한 푸른 색 때문인지 얼굴도 환해 보이는 게 평소보다 예쁜 것 같았다. 승희는 모자를 잘 눌러 쓰고는 연극 대사를 읊어 보았다.

"바람이 참 좋군. 노래라도 부르고 싶은걸! 새들을 따라 나도 노래를 불러 볼까?"

또랑또랑한 목소리가 집 안에 퍼져 나갔다. 기분이 좋아진 승희는 두 손을 마주 잡고는 콧노래를 흥얼거렸다. 주방에서 설거지를 하던 엄마가 벌컥 문을 열고 들어왔다. 승희는 얼른 모자를 벗어 뒤로 감췄다.

"승희야, 그게 무슨 노래야?"

"어머! 거기까지 들렸어?"

승희는 괜히 쑥스러워 볼이 빨개졌다.

"응, 듣기 좋은걸. 엄마는 처음 듣는데 학교에서 배웠니?"

승희가 수줍게 고개를 끄덕거렸다.

"음악 시간에 배웠나 보구나."

이번에는 승희가 좌우로 고개를 흔들었다.

"학교에서 배운 건 맞는 데 교과서에 나오는 노래는 아니야."

"그럼 어디서 배운 거야?"

엄마가 침대에 걸터앉으며 물었다.

"실은 학교에서 하는 연극에서 '노래하는 나무' 역을 맡았어. 이 콧노래는 그 나무가 부르는 거야."

엄마는 반가운 듯이 눈이 커다래졌다.

"작년에 그렇게 연극을 하고 싶어 하더니 올해는 드디어 배역을 맡았구나. 승희야, 축하해. 엄마까지 기분이 좋다."

그제야 승희는 뒤에 숨겼던 모자를 꺼내 쓰고는 엄마에게 활짝 웃어 보였다.

"어때? 이번 연극 공연에 쓸 모자야."

엄마가 웃으며 엄지손가락을 세워 보였다.

"아주 잘 어울려. 우리 딸을 위해 만들어진 모자 같아. 이번 연극이 기대되는걸."

"아마 엄청 재미있을 거야. 우리 반 선영이가 극본을 썼는데 걔가 평소에도 재미있는 얘기를 잘 지어내서 별명이 이야기보따리야. 내가 부르는 노래는 걔네 엄마가 만들어 준 곡이야. 선영이 엄마는

유명한 작곡가거든."

한참 연극 이야기를 하고 있을 때였다. 갑자기 승현이의 목소리가 들렸다.

"나무 주제에 잘난 척하기는. 어차피 별 볼 일 없는 역할이잖아."

승희가 눈을 흘기며 소리쳤다.

"그냥 별 볼 일 없는 나무가 아니야. 말하는 나무라고. 거기다 노래도 해!"

승현이는 콧방귀를 뀌며 입을 삐죽거렸다.

"쳇, 그게 그거지 뭐."

"그러는 너는 움직이지도 못하고 대사 한마디도 없는 바위잖아. 흥, 샘나서 그러는 거지?"

그 말에 승현이는 잠시 움찔했지만 이내 큰소리를 쳤다.

"아니야! 난 바위가 더 좋아. 귀찮게 외울 대사도 없고 얼마나 편한데."

승희는 놀리듯이 쌜쭉 웃었다.

"아까 주인공 너구리 역 정할 때 열심히 손들던 게 누구더라?"

"어······. 어쨌든 난 연습 시간에 축구하면 되니까 더 좋다고."

승희와 승현이가 계속 투닥거리자 엄마가 둘을 말렸다.

"그만해. 자꾸 싸우면 엄마 화낸다."

그제야 둘은 입을 다물었다.

드디어 본격적인 연극 연습 첫날이 되었다. 그동안 승희는 얼마나 연습을 했는지 다른 친구들의 대사까지 줄줄 외우게 되었다. 대본을 쓴 선영이는 연출도 맡았기 때문에 아까부터 분주하게 무대를 오르락내리락했다. 조금 지나자 선영이가 아이들을 무대로 불러 모았다.

"자, 이제 각자 맡은 배역대로 자리에 서 보자."

"응!"

아이들이 모두 한 목소리로 외치더니 바쁘게 자기 자리로 찾아갔다. 승희도 무대 왼쪽으로 가서 모자를 눌러쓰고 서 있었다. 그런데 아이들을 둘러보던 선영이가 승희에게 성큼성큼 걸어오더니 곤란한 얼굴을 했다.

"승희야, 나무가 여기 있으면 어떻게 해. 너무 구석진 끝이잖아."

"여기가 어때서? 난 나무 자리에 딱 맞는다고 생각해. 대본에 분명히 저만치 떨어져 있으라고 쓰여 있었잖아. 나무는 외롭고 그늘진 곳에서 친구를 기다리며 새들을 따라 콧노래를 부른다고."

승희는 이해가 안 가는 표정으로 선영이를 쳐다보았다.

"그러니까 구석 자리는 안 된다는 거야. 나무를 찾아오는 아이가 주인공이잖아. 주인공하고 나무가 함께 노래하면서 친구가 되는데 내가 대본에 '저만치'라고 썼다고 그렇게 구석으로 들어가 버리면 잘 안 보이잖아!"

선영이는 답답하다는 듯이 가슴을 탁탁 치며 소리쳤다. 승희는 갑자기 큰소리를 내는 선영이를 보자 울컥 화가 났다.

"그럼 대본에 정확하게 써 놨어야지."

"설마 저 구석까지 들어갈지 누가 알았어!"

둘은 연습실이 울릴 만큼 큰 소리로 다투기 시작했다. 놀란 반 아이들이 싸움을 말렸지만 소용이 없었다. 결국 연습실 옆 교무실까지 요란한 소리가 들리는 바람에 선생님까지 오고 말았다. 컴퓨터를 가르치는 선생님이었다.

"승희랑 선영이, 왜 싸워?"

선생님이 둘을 갈라 세우며 꾸짖었다.

"선영이가 자기가 대본 이상하게 쓴 건 생각도 안 하고 나보고만 잘못했대요."

승희의 말에 선영이가 억울하다는 듯 승희를 가리켰다.

"아니에요, 선생님. 승희 쟤가 말도 안 되는 걸로 우겨서 그게 아니라고 설명한 거예요."

그러자 이번에는 승희가 억울하다고 소리쳤다. 둘은 선생님 앞에서도 서로 잘못이 없다고 떠들어 댔다.

"조용! 조용! 둘 다 그만해!"

선생님이 큰 소리를 내고서야 둘은 입을 다물었다.

"내가 보기엔 너희 모두 잘못이 있어."

"왜요?"

승희와 선영이는 선생님의 말이 이해가 되지 않는 얼굴이었다. 선생님은 둘을 번갈아 쳐다보더니 차분히 설명하기 시작했다.

"다른 사람과 이야기를 할 때는 규칙이 있기 때문이지."

"규칙이오?"

"그래. 상대와 같은 의미의 말을 사용한다는 규칙!"

승희와 선영이는 여전히 이해가 되지 않는지 눈을 동그랗게 뜨고 서로를 쳐다보았다. 그 모습이 귀여웠는지 선생님이 웃음을 지으며 설명하기 시작했다.

"컴퓨터가 왜 실수가 없는지 아니?"

"잘 모르겠어요."

"컴퓨터는 사람이랑 달리 바보라서 그래."

"바보요?"

"그래, 바보."

승희는 선생님의 말씀이 점점 더 이해가 가지 않았다. 승희가 생각하기에 컴퓨터는 아무리 어려운 일이나 계산이라도 실수 없이 척척 해내는 마법 상자였다. 그런데 컴퓨터가 바보라서 실수를 안 하다니 승희는 머릿속이 자꾸 복잡해지는 기분이었다. 선생님의 설명은 계속됐다.

"바보는 복잡하고 애매한 말을 이해할 수 없어. 단순하고 정확한

말만 이해할 수 있지."

"그런데요?"

이번에는 선영이가 고개를 갸웃대며 물었다.

"너희가 싸운 것은 '저만치'라는 말 때문이지?"

"맞아요."

"그럼 선영이가 생각한 저만치는 어느 정도지?"

"전 무대 중간에서 두 걸음 정도요."

"그럼 승희가 생각한 저만치는?"

"전 무대 중간에서 열 걸음 정도라고 생각했어요."

승희와 선영이의 말이 서로 다르자 선생님이 그럴 줄 알았다는 듯 웃어 보였다.

"그래. 이렇게 서로가 뜻이 다르게 해석할 수 있는 말은 정확한 말이 아니야. 컴퓨터는 그런 말을 이해할 수가 없어."

"그럼 어떻게 해야 하죠?"

"예를 들면 무대 중간에서 '왼쪽으로 2미터 위치'에 서 있으라고 하면 돼."

"2미터요?"

"그래 2미터는 언제 어디서 누가 들어도 뜻이 똑같기 때문에 아무리 바보라도 그 자리에 정확히 서 있을 수밖에 없어. 그러니 너희도 실수하지 않으려면 평소에 정확하게 말하는 연습이 필요해."

선생님의 설명이 끝나자 선영이가 고개를 끄덕거렸다.
"아, 이제 알겠다. 승희야, 내가 다음에는 꼭 정확하게 '2미터'라고 써 줄게. 그럼 너도 헷갈리지 않겠지?"

선영이가 '2미터'라고 힘주어 말하는 걸 보며 승희는 왠지 기분이 나빠졌다. 마치 자신이 바보처럼 이해를 못 해서 이런 일이 벌어졌다고 생각하는 것 같았다. 잔뜩 뿔이 난 승희가 선생님에게 따지듯 물었다.

"선생님, 그럼 제가 바보란 말이에요?"

"당연히 아니지. 오히려 승희가 바보가 아니기 때문에 이런 싸움이 터진 거야. 사람은 정확하지 않은 말을 들어도 다른 뜻으로 이해할 수 있어. 그래서 컴퓨터와 달리 시와 소설을 읽거나 쓸 수 있고 창의력을 발휘할 수 있단다."

컴퓨터 선생님의 말이 끝나자 선영이와 승희가 서로를 보며 슬며시 웃었다. 선생님의 말씀을 듣고 보니 둘 사이의 오해는 '저만치'라는 단어에 대한 해석 차이에서 생겨난 것이었다. 그리고 둘의 해석 모두 일리가 있었다.

승희가 먼저 손을 쓱 내밀었다.

"미안해. 대본을 쓴 사람이 다 생각이 있었을 텐데 내 맘대로 해석해서."

"아니야. 듣고 보니 네 해석대로 나무가 구석에 있는 게 더 좋은 것 같아. 그러니까 여기서는 대본을 바꿔서 정확히 표현하도록 할게. 우리는 바보가 아니니까!"

연극배우처럼 두 팔을 벌리고 우스꽝스러운 몸짓을 하는 선영이를 보며 모두가 까르르 웃음을 터뜨렸다.

집에 오는 길에 승희는 쌍둥이 동생 승현이에게 오늘 있었던 일을 들려줬다. 이야기를 다 들은 승현이는 승희를 바라보며 투덜거렸다.

"어이구, 이 바보!"

"뭐야! 너까지 날 놀리는 거야?"

오늘따라 '바보' 소리를 자주 들은 승희가 발끈했다. 그러자 승현이는 승희의 어깨를 다독이며 말을 이었다.

"안타까워서 그러지. 그러니까 내가 진작 코딩 공부를 하라고 했잖아."

"그게 코딩이랑 무슨 상관인데?"

승희는 잘 이해가 되지 않는지 고개를 갸우뚱거렸다.

"코딩에서 사용하는 좌표를 이용했으면 싸울 필요가 없었네."

"좌표가 뭔데?"

"어떤 공간에서 사람이나 물건이 자리한 위치를 숫자로 간편하게 알려 주는 것을 좌표라고 해. 말로 설명하면 조금 어렵지만 그림을 그려 보면 금방 이해될 거야. 먼저 운동장 바닥에 바둑판처럼 가로 세로로 줄을 그어 보자."

승희는 멍하니 승현이 얼굴을 바라보다 물었다.

"너 설마! 지금 나한테 줄을 그으라고 시킨 거야?"

"당연하지. 내가 공짜로 가르쳐 주는데 이 정도는 네가 해야지."

얄밉게 싱글거리는 승현이를 뒤로 하고 승희는 열심히 운동장에 줄을 그었다.

"다 그렸어."

 "그럼 이제 기준이 되는 지점을 찾아야 해. 정 가운데 있는 지점을 기준점으로 잡자. 그곳을 0이라고 표시해."

 "이렇게?"

 "그래. 그 다음에 가로와 세로로 한 칸씩 숫자를 붙이면 돼. 이제 내가 생각하는 곳으로 너를 보낼 테니까 너는 일단 '0' 위치로

가 있어."

"알았어."

"자, 옆으로 2칸 움직여 봐."

"이쯤이야."

승희가 자신 있게 옆으로 이동하자 승현이가 씨익 웃었다.

"내가 너 그럴 줄 알았다. 그냥 네 맘대로 움직이면 어떡해? 오른쪽인지 왼쪽인지를 알고 움직여야지."

승희는 아차 싶었다. 옆이라고 해도 오른쪽이냐 왼쪽이냐에 따라 완전히 방향이 달라지기 때문이다. 당황해서 얼굴이 빨개진 승희에게 승현이가 다가와서 친절히 설명하기 시작했다.

"잘 들어 봐. 오른쪽으로 움직이면 숫자 앞에 +를 붙이고 왼쪽으로 움직이면 −를 붙이는 거야. 예를 들어서 오른쪽으로 1칸 움직일 때는 +1, 왼쪽으로 2칸 움직일 때는 −2가 되지."

승희는 승현이의 말에 따라서 오른쪽으로 1칸 갔다가 다시 왼쪽으로 2칸 가 봤다. 막상 따라해 보니 별로 어렵지 않았다.

"그렇지! 위아래도 마찬가지야. 위로 올라갈 때는 +를 붙이고, 내려갈 때는 −를 붙이는 거야. 이해했어?"

승희는 자신만만하게 대답했다.

"응, 할 수 있을 거 같아. 네가 문제 한번 내 봐."

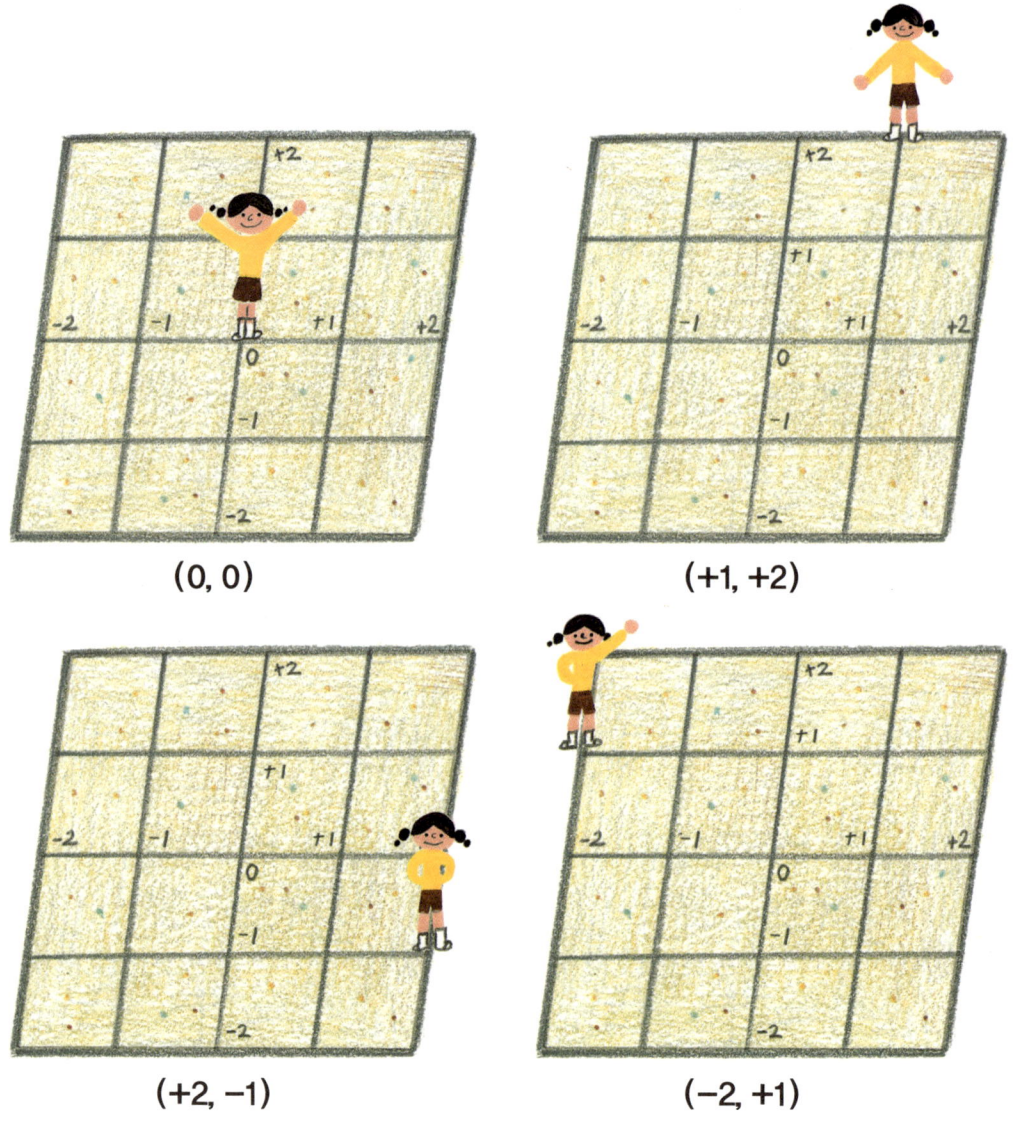

승현이가 외치면 승희는 열심히 움직였다. 마치 바둑판 위에서 하는 놀이처럼 재밌게 느껴져서 시간 가는 줄 모르고 열중하다 보니 어느덧 해가 뉘엿뉘엿 지고 있었다. 타박타박 집으로 돌아가는

데 승현이가 입을 열었다.

"너 오늘 잘하더라. 이렇게 숫자로 정확하게 위치를 지정해 주면 오해가 생기지 않아. 해석을 두고 서로 싸울 일도 없고."

"정말 그렇네."

"그래. 코딩도 이런 원리로 컴퓨터에게 명령하는 거야. 그래서 내가 코딩을 배워 보라고 한 거야."

승현이의 말에 승희가 뽀로통한 얼굴로 대답했다.

"좋아. 코딩이 그렇게까지 어렵지 않은 건 알겠어. 하지만 아직까지 꼭 배워야 하는지는 잘 모르겠는데? 난 얼른 가서 저녁이나 먹어야겠다!"

후닥닥 집을 향해 뛰어가는 승희의 뒷모습을 보며 승현이는 어이없다는 듯 중얼거렸다.

"어휴. 진짜 황소고집이네."

좌표란 무엇일까요?

여러분은 모니터 없는 컴퓨터를 본 적 있나요? 모니터가 있어야 화면을 보면서 인터넷도 하고 게임도 할 수 있는데 모니터 없는 컴퓨터라니 지금으로서는 상상하기 힘들죠.

하지만 컴퓨터가 맨 처음 만들어졌을 땐 모니터가 없었기 때문에, 컴퓨터가 작업하는 과정과 결과를 쉽게 알아볼 수 없었답니다. 점차 과학 기술이 발달하면서 모니터가 개발됐어요. 하지만 한 가지 고민거리도 생겼지요. 바로 글자, 도형, 그림 등의 다양한 요소들을 화면에 잘 배열하려면 적절한 규칙이 필요했던 거예요.

사람들은 '좌표'를 활용하기로 했어요. 모니터 화면의 정 가운데를 기준점으로 잡고, 여기서부터 가로와 세로로 얼마만큼 떨어진 곳에 점이 있다고 숫자로 표현하는 방식이지요. 좌표를 활용하면 화면에 글자와 도형을 질서 있게 나열할 수 있답니다.

그렇다면 이처럼 유용하게 사용되는 좌표를 처음 만든 사람은 누구일까요? 바로 '나는 생각한다. 고로 존재한다.'라는 명언으로 유명한 프랑스 철학자 데카르트입니다. 그는 철학자이자 물

리학자, 그리고 수학자였을 만큼 다재다능했어요. 데카르트가 좌표를 만들게 된 데는 재미있는 일화가 있어요.

  평소 몸이 허약했던 데카르트는 침대에 누워 멍하니 생각에 잠기는 일이 잦았어요. 그러던 어느 날 천장에 붙은 파리를 유심히 쳐다보다가 '파리의 위치를 정확하게 나타내는 방법이 없을까?'라는 의문을 품었어요. 그는 수학자답게 숫자를 활용하여 물체의 위치를 나타내는 좌표를 만들었답니다.

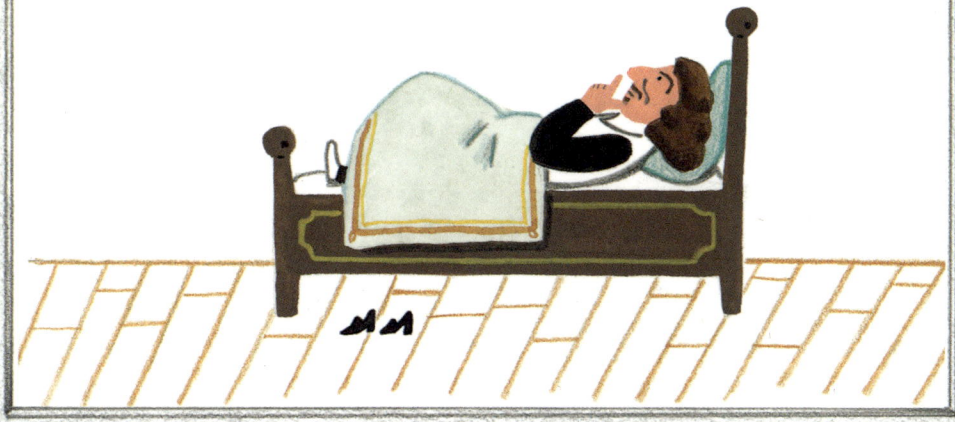

지각을 피하는 비결
순서도

어제 재미있는 만화 영화를 보며 킥킥대다 평소보다 늦게 잠든 게 문제였다. 평소보다 늦은 시간에 눈을 뜬 승희가 곁에 놓인 시계를 보더니 깜짝 놀라 소리쳤다.

"앗, 큰일이다. 지각이야!"

이불을 걷어차고 자리에서 일어난 승희는 헐레벌떡 학교에 갈 준비를 하기 시작했다.

"가방 어디 갔지? 오늘 국어랑 수학인가? 아니 잠깐! 머리부터 묶어야 하는데……."

승희는 가방을 찾다가 학교 시간표를 확인하더니 갑자기 입을 옷을 꺼내다 말고 머리를 묶기 시작했다. 준비할 시간은 촉박한데

이것저것 챙길 것은 너무 많아서 정신이 하나도 없는 듯했다.

"승희야! 세수 먼저 하고 이도 닦아야지."

그때 승희를 채근하는 엄마의 목소리가 들렸다.

"그렇구나!"

승희는 한 쪽 양말만 신은 채 화장실에 들어갔다. 정신없이 세수를 마친 승희가 식탁에 앉을 무렵, 승현이는 벌써 책가방을 메고 현관을 나서고 있었다.

"야! 이승현, 이 배신자. 나랑 같이 가야지."

승현이는 다급한 승희를 약올리듯 장난스레 말했다.

"그러니까 내가 미리미리 준비하라고 했지."

"알았으니까 잠깐만 기다려."

"안 돼. 너랑 같이 가면 나도 지각이야."

"너! 진짜 그럴래?"

승희는 자기를 혼자 내버려 두고 가는 승현이가 원망스러웠다. 그런데 문득 평소 궁금하던 게 떠올랐다. 분명히 승현이도 승희와 비슷한 시간에 일어난 적이 많았다. 그런데 늘 승희보다 빠르게 학교 갈 준비를 마쳤다. 오늘도 마찬가지다. 씹는 둥 마는 둥 대충 밥을 먹은 승희는 허겁지겁 준비를 마치고 집을 나섰다.

숨이 턱에 차도록 뛰어간 덕분에 승희는 간신히 제 시간에 맞추어 학교에 도착할 수 있었다. 교실 문을 열기 전에 승희는 '후' 하고

숨을 가다듬었다. 숨을 헐떡이며 뛰어온 것을 들키기 싫어서였다. 잠시 시간이 흐르고 평소의 모습으로 돌아온 승희는 문을 열며 밝은 목소리로 인사했다.

"얘들아, 안녕!"

"그래. 승희야, 안녕!"

"너 오늘 예쁘다."

"그러게! 하얀 셔츠가 정말 잘 어울려. 아이돌 그룹 뉴라인 지혜 같아."

아이들이 반갑게 맞아 주며 옷차림을 칭찬하자 승희의 얼굴에도 활짝 미소가 지어졌다. 창가 구석에 승현이가 앉아 있는 게 보였다. 승희는 자기랑 같이 가지 않은 승현이를 째려보며 '메롱' 하고 혀를 내밀었다. 바로 그때 지은이가 승희를 보며 깔깔대기 시작했다. 승희와 나머지 아이들은 영문을 모르겠다는 표정으로 지은이를 바라봤다. 그러자 지은이는 여전히 웃음을 멈추지 못한 채 간신히 손가락을 들어 승희의 다리 쪽을 가리켰다.

"하하, 승희야 그게 뭐야!"

아이들의 시선이 지은이의 손가락이 가리키는 곳으로 향했다. 그러자 아이들 모두 지은이를 따라 웃기 시작했다. 깜짝 놀란 승희는 자신의 발목을 내려다보았다. 노란 치마 아래로 드러난 발목에는 빨간 양말과 파란 양말이 짝짝이로 신겨 있었다. 너무 급하게 서두

른 탓이었다. 승희의 얼굴이 사과보다 빨갛게 달아올랐다.

"승희야! 너 꼭 서커스의 피에로 같다."

평소에 승희와 사이가 좋지 않던 형준이가 우스갯소리를 하자 다른 아이들도 더 크게 웃기 시작했다. 순식간에 인기 아이돌에서 피에로로 추락한 승희의 얼굴이 울상이 되었다. 아이들의 웃음소리가 점차 커지자 승희가 얼굴을 감싸고 자리에 주저앉았다. 그때였다. 누군가 차분한 목소리로 아이들을 말렸다.

"이제 그만하지 그래. 너희들은 살면서 실수 한 번 안 하냐?"

승현이었다. 한창 재미있는데 방해를 받은 게 아쉬웠는지 아이들은 승현이에게 화살을 돌렸다.

"웃겨서 웃는 걸 어떡해."

"형준이 말이 맞아. 그래도 쌍둥이라고 자기 누나 편 드네."

아이들이 투덜대자 승현이가 팔을 걷으며 나섰다.

"박형준, 너 지난번에 학원비 잃어 버려서 울고불고 난리였잖아. 그때 학원비를 찾아 준 사람이 누구지?"

승현이의 말에 형준이가 조용해졌다. 형준이가 학원비를 잃어버리고 우왕좌왕할 때 승현이가 하나씩 천천히 생각해 보자고 해서 책갈피에서 찾아낸 기억이 떠올랐기 때문이다. 형준이가 입을 다물자 반장인 희정이도 나섰다.

"승현이 말이 맞아. 친구가 실수를 했으면 비웃는 게 아니라 위로하고 도와줘야지."

그제야 아이들이 조용해졌다.

수업을 마친 승희는 승현이와 함께 집으로 돌아가고 있었다. 짝짝이 양말을 벗고 맨발로 걸어가는 승희의 어깨는 축 처져 있었다.

"야, 이승희! 이제 그만 기운 좀 차려. 늘 씩씩하던 애가 실수 한 번 했다고 왜 그래?"

"넌 내 맘 몰라."

승현이의 위로에도 승희는 여전히 찌푸린 얼굴이었다.

"모르긴 뭘 몰라. 세상에 실수 안 하는 사람이 어디 있냐? 나는 지난번에 엉덩이에 구멍 난지도 모르고 학원에서 발표한 적 있어."

구멍 난 바지를 입은 채 발표를 하는 승현이를 상상하니 승희의 얼굴에 슬그머니 웃음이 돌아왔다.

"야! 이승현. 넌 평소에 컴퓨터만 하느라 도움이 안 되더니 오늘은 조금 믿음직스럽다."

승희의 칭찬에 승현이가 쑥스러웠는지 어깨를 으쓱했다. 승희는 뭔가를 골똘히 생각하며 고개를 갸웃거렸다.

"나, 참. 이해가 안 가네."

"뭐가?"

"너도 나랑 비슷하게 일어나는 것 같은데 왜 실수하지 않지? 난

서두르다 보면 가끔 준비물도 까먹고 오늘처럼 양말도 짝짝이로 신고 오고 그러는데."

"아 그거? 다 비결이 있지."

실수하지 않는 비결이 있다는 말에 승희는 눈이 번쩍 뜨였다.

"그래? 그러면 나도 가르쳐 줘."

"맨입으로?"

"이게 오냐오냐 했더니! 너 누나한테 혼 좀 나 볼래?"

승희가 주먹을 쥐고 화가 난 시늉을 하자 승현이가 몸을 뒤로 빼며 재빠르게 고개를 도리도리 흔들었다.

"아니, 아니지. 우리 사이에 무슨! 집에 가면 알려 줄게."

집에 도착한 승희는 냉큼 승현이 방으로 들어갔다.

"아까 말한 거 이제 가르쳐 줘."

"대신 내가 묻는 말에 먼저 대답해야 해."

"좋아. 뭐든 물어봐."

"너는 네가 아침마다 왜 바쁘다고 생각해?"

승현이의 질문에 승희가 곰곰이 생각하다 대답했다.

"일어나면 해야 할 일이 너무 많아. 세수도 해야 하고, 시간표도 봐야 하고 옷도 골라야 하고. 음……. 그리고 또 뭐가 있더라?"

"준비물도 확인해야지."

"맞다! 그리고 또……."

"됐어. 이제 그만해도 돼."

승현이가 승희의 말을 잘랐다.

"벌써?"

"그래. 네가 실수하는 이유를 알아냈거든."

"정말이야? 얼른 말해 봐."

승희는 별다른 말도 하지 않았는데 마치 해답을 알아냈다는 듯 고개를 끄덕이는 승현이가 신기했다.

"넌 그냥 머릿속에 아무렇게나 떠오르는 대로 행동하잖아. 그러다 보면 중간에 까먹는 일이 생기는 게 당연해."

"그런가?"

"사실 아침에 일어나서 하는 일은 거의 비슷해. 방금 네가 말한 거랑 밥 먹기, 양치하기, 준비물 챙기기 정도지."

"그래 맞아! 그것도 있었네."

승희가 이제야 생각났다는 듯이 맞장구치자 승현이가 혀를 차며 말했다.

"어휴. 이제 네 문제가 뭔지 알겠지?"

승희가 아직 잘 모르겠다는 듯이 고개를 젓자 승현이가 한숨을 크게 쉬고는 다시 말을 이었다.

"그러니까 어떤 일부터 해야 하는지 순서를 정하고 그대로 따라 하면 된다는 거야."

"어떻게?"

"말로 하면 복잡하니까 한번 그려 보자."

승현이가 색연필을 쥐더니 종이 위에 승희가 학교 가기 전에 해야 할 일들을 순서를 정해 늘어놓았다.

"자, 이렇게 정리하니까 어때?

"오! 이거 정말 쓸 만하겠는데."

"난 이걸 머리맡에 두고 매일 따라하다 보니 지금은 저절로 하는 경지에 이르렀지."

"매일 게임만 하는데 이런 걸 어떻게 알았어?"

"무슨 소리야? 게임이 아니라 공부라고 공부."

승현이가 발끈하든 말든 승희는 표에서 눈을 떼지 못하고 감탄하느라 바빴다.

"어쨌든 좋아! 당장 내일부터 여기에 써 놓은 대로 해야겠어. 오늘처럼 또 망신당할 수는 없지."

"좋아. 바로 그거야."

그런데 계획표를 살펴보던 승희가 뽀로통한 표정을 지었다.

"근데 이게 좀 걸린다."

"뭐가?"

"화장실은 굳이 여기 쓰지 않아도 알아서 갈 수 있다고. 내가 무슨 유치원생도 아니고 말이야."

"알았어. 그럼 화장실은 생략하는 거로 하자."

"아! 궁금한 게 하나 더 있어."

"또 뭔데?"

"준비물이 없는 날이면 어떡하지?"

"건너뛰면 되잖아."

"야! 그렇게 자꾸 바뀌면 표를 만든 의미가 없잖아."

"그럼 이건 어때? 네가 꼭 챙겨야 하는 것에만 '판단' 과정을 넣

는 거야."

"어떻게?"

"예를 들어서 준비물을 안 챙겼으면 얼른 찾아서 가방에 넣고, 챙겼으면 다음 단계로 넘어가는 거지."

승현이는 좀 전의 계획표보다 훨씬 간단한 순서도를 그려 줬다.

"이거 정말 쓸 만한데!"

"어때? 이제 코딩 공부할 생각이 들어?"

"이것도 관계 있는 거야?"

"그럼! 이게 지난번에 말한 '컴퓨터처럼 생각하기'라고. 이걸 배우면 아무리 복잡하고 어려운 문제도 논리적으로 해결할 수 있지."

"더 배우다간 머리에 쥐가 날 것 같으니 오늘은 여기까지 하자."

알고리즘과 순서도

숫자를 세로로 더하는 방법을 알고 있나요? 왼쪽 그림처럼 34+12를 계산하기 위해서는 먼저 일의 자리 숫자인 4와 2를 더하고, 그 더한 값을 숫자 2 밑에 씁니다. 그리고 나서 십의 자리 숫자인 3과 1을 더한 값을 숫자 1밑에 쓰면 46이라는 정답을 구할 수 있어요. 이밖에 많은 것들이 정해진 순서에 따라 이루어집니다. 예를 들어 맛있는 라면을 먹으려면 물을 끓인 다음 면과 스프를 넣어 잘 익힌다거나, 학교에 가려면 우선 세수를 하고 옷을 입고 책가방을 챙겨서 집을 나서는 것처럼 말이에요.

이처럼 문제를 해결하는 과정을 나타내는 것을 알고리즘이라고 합니다. 알고리즘은 문장을 죽 나열해서 표현할 수도 있지만, 이 방법은 어떤 순서로 일이 처리되는지 파악하기 힘들다는 단점이 있어요. 그래서 알고리즘을 표현할 때는 주로 '순서도'를 사용합니다. 순서도는 문제의 처리 순서를 기호와 도형으로 나타낸 그림이에요. 순서도로 알고리즘을 표현하면 문제가 어떤 과정을 거쳐서 해결되는지 한눈에 알아볼 수 있습니다. 순서도에 쓰이는 기호와 도형은 각각 정해진 의미가 있으니 순서도를 그릴 때는 이 점에 유의해서 사용해야 합니다.

순서도에 쓰이는 도형

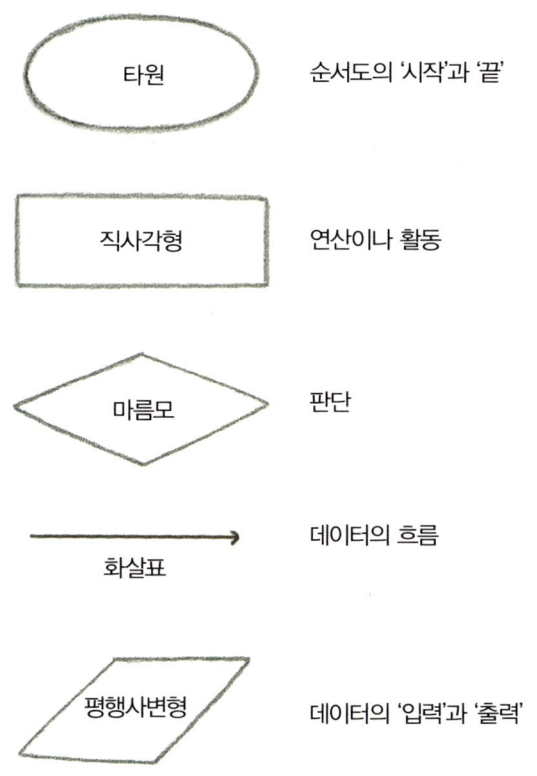

스피드 왕이 될 거야!
알고리즘

종례 시간이었다. 교실 문을 열고 들어온 선생님은 무언가를 적기 시작했다.

'교내 달리기 대회'

칠판에 적힌 글을 보자마자 승희의 입꼬리가 살짝 올라갔다. 학기 초부터 가장 기대했던 대회이기 때문이다.

"애들아, 해마다 교내 달리기 대회가 열리는 거 알지? 그리고 너희가 제일 궁금해하는 1등 상품은 웹북이란다."

선생님의 말이 끝나기도 전에 아이들이 환호성을 질렀다.

"와! 웹북이래. 나 진짜 갖고 싶었는데. 이번 대회에는 무조건 나가야겠다."

"이럴 줄 알았으면 나도 평소에 달리기 연습 좀 하는 건데. 대회에 나가기엔 내가 너무 연약해서."

"네가 연약하면 나는 빈혈 환자겠다."

교실 안이 금세 시끌시끌해졌다. 선생님이 아이들에게 물었다.

"우리 반 대표를 뽑아야 하는데 나가고 싶은 사람 손들어 볼래."

승희가 제일 먼저 번쩍 손을 들었다.

"승희는 우리 반 스피드 왕이지. 다른 지원자는 없니?"

아이들은 멀뚱멀뚱 서로 얼굴만 쳐다보았다. 그때 준석이가 조심스럽게 손을 들었다.

"선생님 전 승희가 대표로 나가는 것보다 지연이가 나가는 게 더 나을 것 같습니다. 지난 주에 아이들끼리 초시계로 재 봤는데 지연이가 더 빠르더라고요."

준석이의 말에 애들 몇몇이 고개를 끄덕거렸다. 그러자 준석이는 아예 자리에서 일어나 승희에게 말했다.

"이승희, 너도 인정하지? 초반에는 네가 앞섰지만 나중에 지연이한테 역전당했잖아."

준석이의 물음에 승희는 우물쭈물하며 얼굴이 빨개졌다. 그날은 감기 기운이 있어서 그랬던 거라고 말하고 싶었지만, 왠지 변명 같아서 아무 말도 꺼낼 수가 없었다. 선생님이 흥분한 아이들을 다독이며 이렇게 말했다.

"아무래도 우리 반 대표는 다다음주 체육 시간에 정해야겠구나. 그때 승희와 지연이가 공정하게 달리기를 해서 누가 우리 반의 대표가 될지 정하도록 하자."

집으로 돌아오자마자 승희는 자기 방 침대에 콕 처박혔다. 아무리 생각해도 분이 가시지 않았다. 승희는 1학년 때부터 줄곧 교내 달리기 대회에 대표 선수로 참가했을 만큼 달리기에 자신이 있었다. 지난주에는 코감기에 걸려서 몸이 안 좋았지만, 못 하겠다고 하면 아이들이 비웃을까 봐 이를 악물고 달렸다. 그날 딱 한 번 졌다고 이런 일이 벌어지다니 승희는 생각할수록 자존심이 상해서 견딜 수가 없었다.

"아, 짜증나! 지연이보다 준석이가 더 얄미워!"

"어우, 깜짝이야!"

때마침 방문을 열고 들어오던 승현이가 흠칫 놀랐다.

"넌 왜 불쑥 들어오고 난리야!"

승희는 승현이가 준석이라도 되는 듯이 도끼눈을 뜨고 째려봤다. 승현이는 이런 일은 익숙하다는 듯 태연하게 과일 주스가 담긴 잔을 내밀었다.

"엄마가 이거 갖다 주래서 왔지. 하여간 성질머리하고는."

씩씩거리던 승희는 주스를 냉큼 받아 벌컥벌컥 마셔 버렸다. 그러는 동안 승현이는 승희 곁에 걸터앉았다. 평소에는 티격태격하는 쌍둥이지만, 속상한 일이 생기면 가장 편하게 고민을 털어 놓을 수 있는 사이였다. 승희가 빈 컵을 내려놓자 승현이가 조심스레 입을 열었다.

"오늘 달리기 대표가 못 되어서 그래? 다다음 주에 정식으로 뽑는다잖아. 그때 잘하면 되지."

"나도 알아. 하지만 오늘 준석이가 나를 막 몰아세우는 거 너도 봤지? 그게 화나서 그래."

승현이는 이해한다는 듯 고개를 끄덕였다. 승희는 입을 삐죽이며 말을 이어갔다.

"준석이는 도대체 왜 그래? 걔는 내가 싫은가 봐."

"글쎄……. 너를 싫어하는 게 아니라 지연이를 좋아해서 그러는 거 같은데?"

"뭐라고?"

준석이가 지연이를 좋아한다는 소문은 승희도 들은 적이 있었다. 그러고 보니 지난주에도 준석이가 승희의 자존심을 건드는 바람에 달리기 대결이 벌어진 거나 마찬가지였다. 수줍음이 많은 지연이는 처음에는 안 하겠다고 버티다가 준석이에게 떠밀리다시피 해서 나왔었다.

"맞네! 내가 왜 그 생각을 못 했지?"

몹시 흥분한 승희 때문에 집 안은 다시 시끄러워졌다. 무슨 일이 있어도 반 대표가 되어서 준석이 코를 납작하게 해 주겠다고 벼르는 승희를 보며 승현이는 고개를 절레절레 흔들었다.
"괜히 알려 줬나 봐. 왠지 더 귀찮아진 거 같아."

다음 날은 토요일이었다. 평소 같으면 늦잠을 자고 있을 승희가 아침부터 거실에 나와 끙끙대며 뭔가를 적고 있었다.

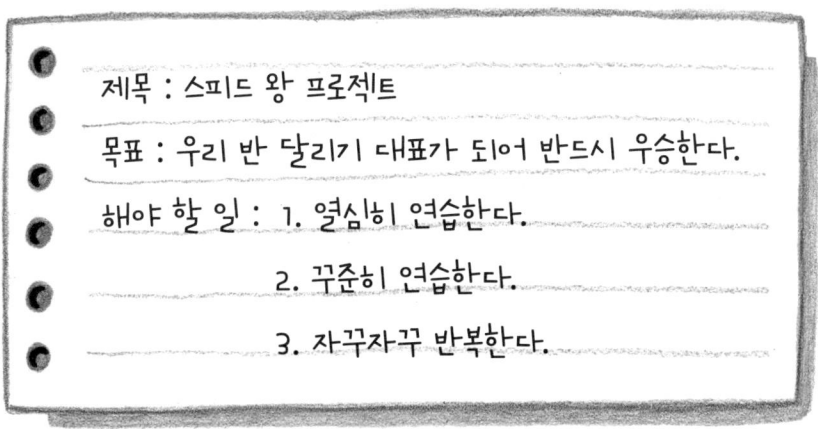

"하하하, 이승희! 너 이걸 계획이라고 짠 거야? 유치원생도 너보다는 낫겠다."
어느새 나온 승현이는 잽싸게 노트를 낚아채서 비웃고 있었다.
"앗, 이리 내놔!"

승희는 노트를 돌려 달라고 고래고래 소리를 질렀지만 승현이는 요리조리 피할 뿐이었다. 하지만 승현이의 장난은 그리 오래가지 못했다. 커다란 주먹이 다가와 승현이에게 알밤을 한 방 먹였기 때문이다.

"아야! 삼촌, 너무해!"

승현이는 머리를 감싸며 투덜댔다. 그 뒤로 외삼촌이 씨익 미소 지으며 서 있었다. 외삼촌은 프로그래머다. 어릴 때부터 천재로 동네에 소문이 자자했다는데 엄마는 그 이야기를 할 때마다 자랑스러워했다. 승희는 소파에 앉아 있는 외삼촌에게 달려가 다급한 목소리로 말했다.

"삼촌! 나 부탁이 있는데 들어줄 수 있어?"

"우리 조카 부탁인데 당연히 들어줘야지."

"있잖아. 나 우리 반 달리기 대표가 꼭 되고 싶거든. 코를 납작하게 만들고 싶은 녀석이 있어서."

"음, 그런데?"

"그러려면 열심히 연습을 해야 하는데 어떻게 계획을 짜야 할지 잘 모르겠어."

"그래? 우리 승희는 어디까지 생각해 뒀는데?"

외삼촌이 묻자 승희는 자신이 생각해 둔 연습 방법을 얘기하기 시작했다. 승희는 스트레칭을 한 뒤에 줄넘기, 뜀뛰기, 앉았다가 일

어서기 등의 운동을 여러 번 반복할 생각이었다. 그런데 이 계획을 깔끔하게 표현하는 것이 생각보다 어려웠던 것이다.

 그때 불쑥 승현이가 끼어들었다.

 "너는 그까짓 게 뭐가 어렵다고 그래?"

 "시끄러워. 넌 상관하지 마."

 쌍둥이 남매가 다투는 동안 조용히 생각에 잠겨 있던 삼촌이 드디어 입을 열었다.

 "우리 승희가 순서도를 그려 본 적 있나?"

승현이의 목덜미를 잡고 마구 흔들어 대던 승희가 순간 멈칫했다. 순서도라면 얼마 전에 승현이와 함께 그려 본 적이 있었다. 지각을 피하는 비결이라고 해도 처음에는 긴가민가했었는데, 요즘은 그 덕에 지각도 안 하고 준비물도 빠짐없이 잘 챙겨 가는 편이었다.

"켁켁, 삼촌 그거라면 내가 가르쳐 줬어."

멍하니 생각에 잠긴 승희 대신 승현이가 대답했다.

"그러고 보니 승현이는 컴퓨터를 좋아하지? 아주 잘했네."

"어휴, 이승희! 그러니까 이것 좀 놔. 내 덕분에 좋은 걸 배운 줄도 모르고."

승희는 왠지 머쓱한 마음에 승현이를 잡고 있던 손을 풀어 줬다. 삼촌은 승희의 어깨를 두드리며 격려했다.

"승희야, 네가 아까 생각한 대로 순서도를 그려 봐. 아마 좋은 계획표가 될 거야."

승희는 삼촌 말대로 노트를 펼쳤다.

"이번에는 '예', '아니오'는 넣지 말고 간단하게 네가 해야 할 운동만 순서대로 적어."

승현이의 조언이 짜증스럽게 느껴졌지만, 승희는 꾹 참고 순서도를 그리기 시작했다.

"애개? 그게 다야?"

승현이가 고개를 쑥 내밀며 물어보자 승희는 발끈했다.

"아니야. 이걸 적어도 다섯 번씩은 반복할 거라고!"

승희는 다시 또박또박 순서도를 이어 나가기 시작했다. 그런데 아직 내용을 다 완성하지도 못했는데 노트는 더 이상 쓸 공간이 없었다.

"아이참, 안되겠네. 도화지를 가져와야지."

우당탕 소리를 내며 도화지를 가져온 승희는 다시 처음부터 순서도를 그리기 시작했다. 이번에는 처음보다 글씨도 조그맣게 썼다. 하지만 운동을 세 번째 반복하고 나자 도화지도 더 이상 쓸 공간이 없었다. 더 큰 종이를 찾아 눈동자를 도르르 굴리던 승희의 눈에 벽에 걸린 커다란 달력이 보였다. 승희는 씨익 미소를 짓더니 곧장 달력을 향해 달려갔다. 그 모습을 지켜 보던 승현이와 삼촌은 눈이 휘둥그레졌다.

"야, 너 설마 달력을 뜯으려고?"

"스, 승희야. 잠깐만!"

승현이와 삼촌의 합동 철벽 방어에 가로막히자 승희는 부아가 치밀었다.

"짜증나게 왜들 그래. 나 빨리 계획표 완성해야 한단 말이야!"

어느새 이마에 땀이 송글송글 맺힌 삼촌이 말했다.

"승희야, 큰 종이에 쓸 필요가 없어. 이럴 땐 다 방법이 있다고."

그 사이 승현이는 자신이 순서도를 완성했다며, 맨 처음에 승희가 썼던 작은 노트를 내밀었다.

"아까 보니 노트가 모자라던데 여기에 다 썼다고?"

"글쎄, 일단 보라니까."

승현이의 순서도는 승희가 처음에 적었던 것과 거의 비슷했지만 다른 점이 하나 있었다. 맨 마지막 순서인 '앉았다 일어나기 10번'에서 시작된 화살표가 맨 처음 '스트레칭 하기'로 연결되어 있고 거기에 5회 반복이라고 쓰여 있었던 것이다.

"와, 승현이 제법인데?"

삼촌이 칭찬하자 승현이는 어깨를 으쓱대며 대답했다.

"이 정도는 기본이지. 코딩할 때도 같은 말을 여러 번 쓰는 것보다는 반복문을 이용해서 간단하게 만드는 게 훨씬 효율적이거든."

어느새 승희도 두 사람의 대화를 주의 깊게 듣고 있었다.

"승현이가 왜 그렇게 코딩을 좋아하는지 조금은 알 것 같아."

승희가 고개를 끄덕이며 말했다.

알고리즘의 종류

순차 알고리즘

정해진 순서에 맞게 차례차례 문제가 해결되는 과정을 나타내는 알고리즘을 뜻해요. 아주 기본적인 알고리즘이기 때문에 일상생활에서도 흔히 볼 수 있어요. 아침에 일어나서 세수와 양치를 한 후 옷을 입고 책가방을 챙겨서 학교에 가는 것도 일종의 순차 알고리즘이랍니다.

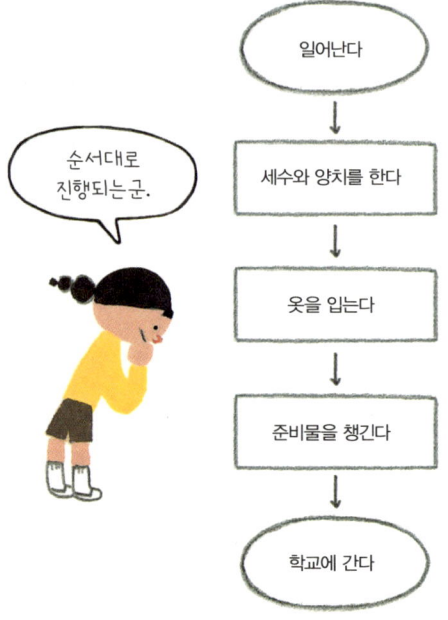

판단 알고리즘

순차 알고리즘처럼 바로 다음 단계로 넘어가지 않고 중간에 어떤 행동을 할지 말지를 판단하는 과정이 들어간 알고리즘이에요. 예를 들어서 학교에 갈 때 준비물이 있는지 생각해 봐서 있으면 준비물을 챙기고, 없으면 다음 행동을 하는 것처럼 말이에요. 판단 알고리즘을 활용하면 상황에 따라 달라지는 문제 해결 과정을 한눈에 이해할 수 있어요.

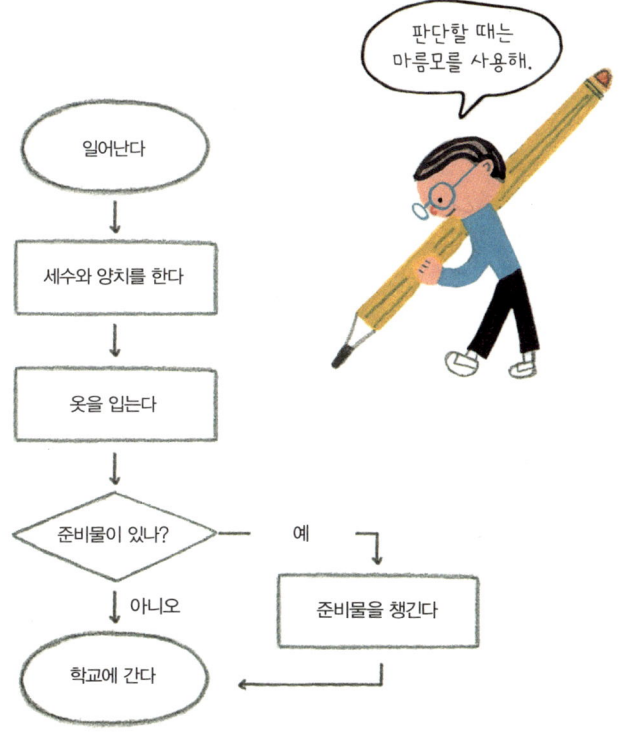

반복 알고리즘

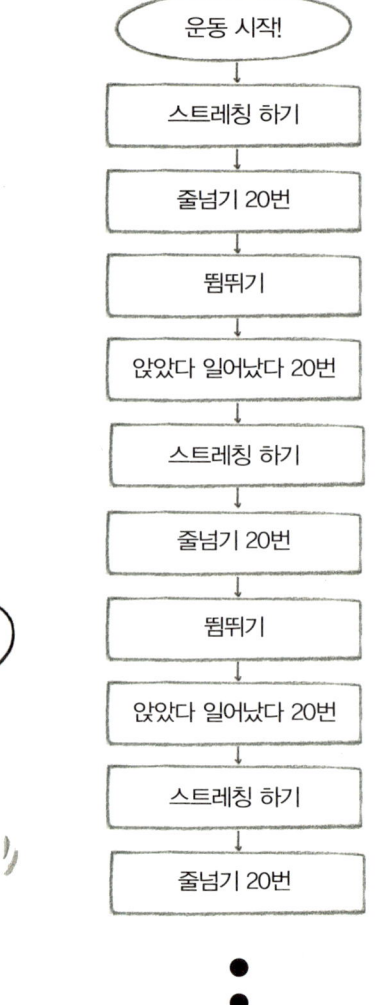

이렇게 하면 너무 복잡해!

순차 알고리즘과 판단 알고리즘만 사용한다면 여러 번 반복되는 일을 나타내기 힘들어요. 같은 내용을 계속해서 말해 주어야 하기 때문이지요. 승희가 달리기 반 대표가 되기 위해 훈련했던 것처럼 어떠한 행동을 여러 번 반복하는 경우가 많은데, 이를 '반복 알고리즘'이라고 해요. 반복 알고리즘을 코딩할 때 똑같이 반복되는 부분만 화살표를 써서 표시하면, 똑같은 말을 반복하지 않아도 되기 때문에 효율적입니다.

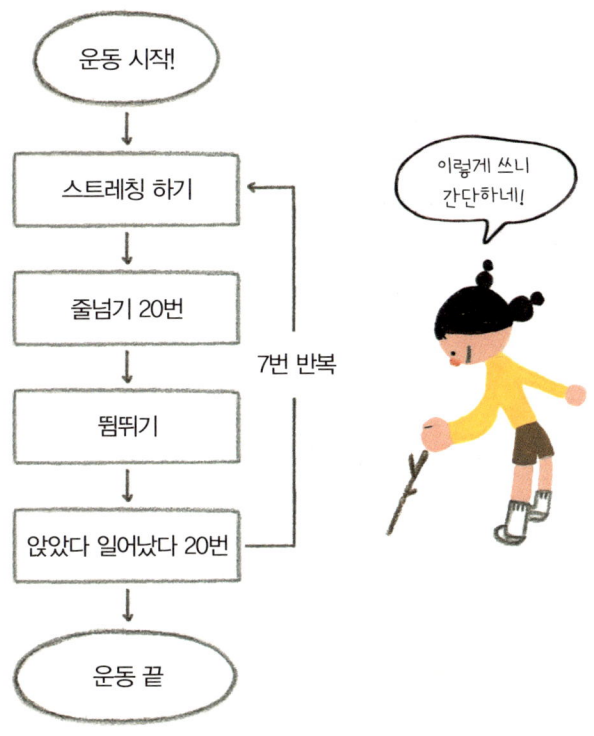

엄마 없는 하루
프로그램 설계하기

 유난히 햇살이 따가운 어느 날이었다. 학교에서 돌아온 승희와 승현이가 이마에 땀을 흘리며 현관에 들어섰다. 둘은 신발을 벗기도 전에 엄마를 찾았다.
 "엄마, 다녀왔습니다!"
 엄마는 흐뭇한 미소를 지으며 쌍둥이들에게 얼음물을 한 잔씩 따라 주었다.
 "아, 시원하다! 역시 엄마가 최고야."
 "그럼! 엄마 없으면 우리가 못 살지."
 승희가 엄지를 치켜세우자 승현이가 질세라 얼른 맞장구를 쳤다.
 "저……. 애들아."

엄마는 무언가 중요한 할 말이 있는 듯했다. 승희와 승현이 남매는 궁금한 표정으로 엄마를 바라봤다.

"며칠 뒤에 너희들끼리 있어야 할지도 모르는데 괜찮겠어?"

"응? 그게 무슨 소리야, 엄마!"

승희와 승현이가 마치 약속이나 한 듯 큰 소리로 물었다.

"그게 말이야. 엄마 사촌 오빠 딸이 일본에서 결혼식을 한대. 그래서 아빠랑 같이 가 봐야 하는데 아무래도 하룻밤은 자고 와야 할 것 같아."

"안 가면 안 돼?"

승현이가 조심스레 묻자 엄마가 난처한 듯이 말했다.

"엄마랑 아빠가 젊었을 때 큰 도움을 주신 분이라서 안 갈 수가 없어."

그러자 이번에는 승희가 단호한 목소리로 말했다.

"그래도 안 돼! 우린 엄마 없으면 아무것도 못 한단 말이야."

"딱 하루도 안 될까?"

"안 돼!"

아이들이 엄마에게 매달리며 떼를 쓰자 엄마가 어쩔 수 없다는 듯 한숨을 쉬며 말했다.

"어휴……. 그래, 알았어."

저녁을 다 먹은 뒤 승희와 승현이는 거실에서 예능 프로그램을 보았다. 한참 재미나게 보던 승희가 문득 주방에 있는 엄마를 쳐다보았다. 엄마는 무슨 생각을 하는지 얼굴을 잔뜩 찌푸렸다. 승희가 옆에서 눈치 없이 낄낄대며 웃고 있는 승현이의 옆구리를 쿡쿡 찔렀다.

"아! 뭐야?"

"시끄러. 당장 일어나서 내 방으로 와!"

승희의 표정이 심상치 않은 걸 보고는 승현이도 순순히 따라갔다. 승희가 조용히 방문을 닫자 승현이가 투덜거렸다.

"한창 재미있는데 왜 그래?"

"너! 엄마 표정 봤어? 지금 엄마가 저렇게 고민하는데 텔레비전이 보고 싶냐?"

"나도 봤어. 그런데 어쩔 수 없잖아."

승현이가 시무룩한 표정으로 말했다.

"승현아, 우린 더 이상 어린애가 아니잖아. 이번 기회에 우리끼리만 하루를 지내 보면 어떨까?"

"난 자신 없어. 엄마 아빠 없이 잘 지낼 수 있을지……."

"네가 그랬지? '컴퓨터처럼 생각하기'만 한다면 아무리 어려운 문제도 해결할 수 있다고."

그러자 승현이는 무언가를 깨달은 듯 눈을 반짝였다.

"맞아. 너무 미리부터 겁을 낸 것 같아. 아무리 어렵고 복잡한 문제라도 컴퓨터처럼 차근차근 생각해 보면 결국은 간단한 문제들이 연속된 것에 불과하거든."

"좋아. 그럼 우리 '엄마 없는 하루'를 어떻게 지낼 수 있는지 천천히 생각해 보자."

뜻이 통한 승희와 승현이는 둘이서 하루를 보내기 위해 필요한 것들을 생각해 보기로 했다. 먼저 연필과 종이를 꺼내 하루 동안의 시간표를 순서대로 쓰기 시작했다.

"이렇게 보니까 우리 하루가 한눈에 들어오네."

"그렇지? 이번에는 시간표 중에 엄마가 꼭 필요한 부분만 찾아보는 거야."

"아하! 그럼 ①번은 일단 자명종이 있으니까 필요 없고, ②번은 원래 우리가 스스로 준비하는 거야. 음……. 그런데 ③번은 엄마가 없으면 안 되네."

"그래. 밥은 엄마가 해 주셔야 하니까. ④번부터 ⑥번까지는 학교 생활이니까 엄마가 없어도 되고 ⑦번 자유 시간도 마찬가지야."

"이번에도 ⑧번 저녁 식사가 문제네. ⑨번은 학원 버스 타고 가서 수업 받으면 되지? ⑩번, ⑪번은 우리끼리 있다가 문단속하고 자면 되니 괜찮아."

하루 일과 정리를 마친 승현이가 말했다.

"문제는 결국 밥이네?"

"맞아! 밥."

"그런데 너 밥 짓는 법 알아? 난 할 줄 모르는데."

"나도 몰라. 하지만 꼭 밥 지을 줄 알아야 해?"

"그게 무슨 소리야?"

"밥 짓는 법 몰라도 하루 정도는 버틸 수 있으니까."

"정말?"

승현이가 믿지 못하겠다는 듯이 물었다.

"아침은 엄마가 출발하기 전에 해 놓으시면 밥통에서 꺼내 먹으면 돼. 설마 그것도 못 하지는 않겠지?"

"누굴 바보로 아냐? 당연히 할 수 있지. 반찬도 냉장고에서 꺼내 먹으면 되고."

"그래! 점심은 급식을 먹으니까 괜찮고 저녁은 배달 음식을 시켜 먹으면 돼."

"아! 맞다. 엄마가 용돈을 주고 가실 테니까 탕수육 시켜 먹어도 될 거야."

"난 피자를 먹고 싶어. 치즈와 토핑을 듬뿍 얹어서!"

탕수육과 피자를 떠올리니 승희와 승현이는 금세 군침이 돌았다. 엄마는 배달 음식이 몸에 좋지 않다며 평소에는 잘 시켜 주지 않았다. 하지만 이번만은 특별히 허락해 주실 것 같았다. 승희는 지금이라도 당장 엄마가 여행을 떠났으면 하는 생각이 들었다. 그래서 냉큼 자리에서 일어나는데 승현이가 붙잡았다.

"잠깐!"

"뭐야? 그새 생각이 바뀐 거야? 이 변덕쟁이 녀석."

"아니. 그게 아니라 엄마가 하는 일이 정말 우리 밥 주시는 것밖에 없는 걸까 하는 생각이 들어서."

생각지도 못한 말에 승희도 아차 싶었다. 승희가 보기에도 엄마가 하루에 하는 집안일은 엄청나게 많아 보였다.

"그럼 어떻게 하지?"

"어떻게 하긴 뭘 어떻게 해. 이번엔 엄마가 하는 일을 하나씩 정리해서 우리가 대신 할 수 있는지 생각하면 되지."

"하긴. 어려운 문제가 나와도 천천히 하나씩 생각하면 해결할 수 있으니까."

"좋아! 그럼 또 종이에다가 써 보자."

엄마가 할 일

① 아침 식사 준비 ② 설거지 ③ 청소하기 ④ 점심 식사 준비
⑤ 설거지 ⑥ 시장 보기 ⑦ 저녁 식사 준비 ⑧ 설거지
⑨ 빨래하기 ⑩ 쓰레기 버리기

"또 뭐가 있을까?"

"일단 집안일은 이 정도면 충분할 것 같아."

"좋아. 그럼 ①, ④, ⑦은 이미 답이 나왔고, ②, ⑤, ⑧은 설거지잖아. 내가 평소에 많이 해 봐서 자신 있어."

그러자 승현이도 질 세라 자기가 할 일을 말하기 시작했다.

"⑥은 우리가 안 해도 될 것 같아. 그리고 ③은 청소니까 내가 할게. ⑩도 내가 할 수 있어."

"됐다! 이대로만 한다면 엄마가 하루 정도 여행을 가도 별일은 없을 것 같아."

"그런데 ⑨는 어떻게 하지?"

"하루쯤은 안 하고 넘어가도 되지만……. 이번 기회에 우리가 한번 해 보면 어떨까?"

"할 수 있겠어?"

"세탁기 버튼 몇 개만 누르면 되는데 뭘."

승현이가 승희 머리를 쓰다듬으며 말했다.

"좋았어. 너도 이제 다 컸구나. 대견하도다."

"뭐라고? 이게 진짜."

승희와 승현이는 티격태격하면서도 자꾸만 뿌듯한 마음이 들었다. 처음에는 엄마 아빠 없이 둘이서만 하루를 보낸다는 게 그저 막막하기만 했다. 하지만 컴퓨터가 문제를 해결하듯이 복잡한 문

제를 하나씩 순서대로 나열하고, 여러 가지 경우의 수를 생각하다 보니 둘이서 하루를 보내는 것은 생각보다 어려운 일이 아니었다. 어느새 문제가 해결된 것이다. 기분이 좋아진 승희와 승현이는 또 다른 종이를 꺼내 무언가를 적기 시작했다.

"엄마! 우리가 줄 게 있어."
갑자기 아이들이 나타나 와락 껴안자 엄마가 놀라며 물었다.
"뭔데?"
"자! 우리가 주는 휴가 쿠폰이야. 비록 하루짜리지만 아빠랑 같이 잘 다녀오세요!"

승희가 건네는 종이를 본 엄마가 깜짝 놀랐다. 조금 전까지 제발 가지 말라고 떼를 쓰던 아이들이었다. 엄마는 영문을 모르겠다는 표정이었다.

"뭐? 정말 너희들끼리 괜찮겠어?"

승현이와 승희는 엄마에게 순서도를 보여 줬다.

"당연하지. 여기 적힌 것 좀 봐. 이렇게 하나씩 생각해 보니까 우리끼리도 하루쯤은 지낼 수 있겠더라고."

"이번에는 하루지만, 다음에는 더 연구해서 긴 휴가를 보내 줄 테니 기대해도 좋아."

며칠 뒤, 아빠와 엄마가 여행을 떠났다. 승현이는 약속대로 집안을 청소하기 시작했다. 설거지를 마친 승희는 세탁실로 갔다. 빨랫감이 가득한 바구니가 여러 개 보였다.

"어휴, 많기도 하네. 한번에 싹 빨아 버려야지."

승희는 바구니에 담긴 옷들을 전부 세탁기에 집어넣고는 시작 버튼을 눌렀다. 그러고는 콧노래를 흥얼거리며 주방으로 향했다. 승희가 시원한 주스를 꺼내 마시는데 승현이의 목소리가 들렸다.

"뭐야? 빨래 바구니가 왜 다 비어 있어?"

승희는 태연하게 대답했다.

"왜긴 왜야. 내가 전부 세탁기에 넣고 돌리고 있으니 그렇지."

"당장 멈춰! 빨래는 종류별로 세탁해야지 한꺼번에 하면 다 망가진단 말이야!"

그제야 사태의 심각성을 깨달은 승희는 얼굴이 하얗게 질려서 소리쳤다.

"야! 그렇게 중요한 걸 이제 말해 주면 어떡해!"

"지금 누가 할 소리를! 이승희, 당장 세탁기 끄라고. 얼른!"

여느 때보다 시끄러운 오후가 지나가고 있었다.

빨래하기 알고리즘

　여러분은 세탁기로 빨래를 돌릴 줄 아나요? 어려서부터 집안일을 도왔다면 '세탁기 빨래쯤이야 식은 죽 먹기지!'라고 생각하겠지만, 아직 한 번도 세탁기를 작동시켜 보지 못한 친구들도 있을 거예요.

　빨래를 하기 전에는 우선 아무렇게나 뒤섞여 있는 빨래들을 하나하나 살펴봐야 해요. 왜냐하면 빨랫감들은 각각의 특성에 따라 세탁하는 방법이 정해져 있어요. 엄마가 입는 블라우스와 아빠가 입는 양복 바지는 세탁소에 맡겨 드라이클리닝을 해야 해요. 이런 옷들은 물로 빨아서는 안 되기 때문이에요. 또 어떤 옷들은 세탁기에 돌리면 옷감이 상하기 때문에 손빨래를 해야 하는 것들도 있어요. 그러니까 빨래를 할 때에는 바구니에 있는 빨랫감들을 한꺼번에 세탁기에 넣지 말고 드라이클리닝을 해야 하는 것과 손빨래를 해야 하는 것, 세탁기로 빨아도 되는 것으로 분류부터 해야 한답니다. 그리고 난 뒤에 세탁기에 세제를 넣고 시작 버튼을 눌러야 해요. 조금은 복잡해 보이는 빨래 과정을 알기 쉽게 알고리즘으로 정리해 볼까요?

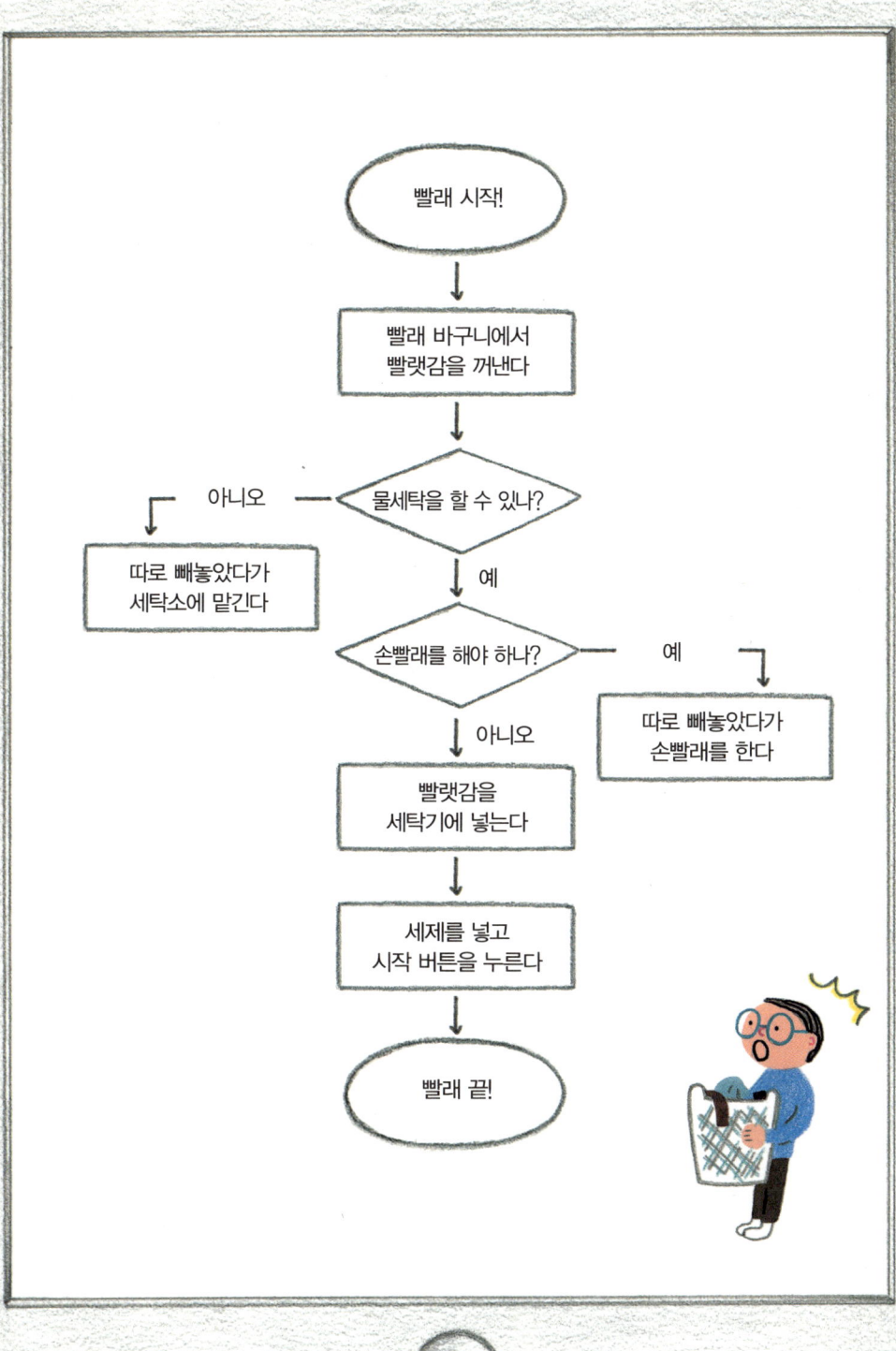

한번 해 볼까?
스크래치로 코딩하기

승현이는 엄마가 일본에서 사다 준 새 옷을 입고 거울 앞에 섰다. 한껏 기분이 좋아진 승현이가 콧노래를 흥얼거릴 때 퉁명한 목소리가 들렸다.

"너 뭐 하냐?"

승현이가 깜짝 놀라 소리를 질렀다.

"앗, 깜짝이야! 이승희, 너 왜 여기 있어?"

승희는 평소와 달리 한참을 쭈뼛거리더니 어렵게 입을 열었다.

"실은……. 너한테 코딩 좀 배우려고."

"뭐? 그게 정말이야?"

"네 말대로 하다 보니 코딩이 꽤 재밌게 느껴져서 말이야."

승현이는 정말 의외라는 듯 눈을 껌뻑이더니, 이내 거만한 표정으로 대꾸했다.

"내 제자가 되려면 테스트를 통과해야지. 일단 '컴퓨터처럼 생각하기'가 뭔지 대답해 봐."

"간결하고 논리적으로 생각해야 해. 복잡한 문제는 작은 문제로 쪼개고, 순서를 정해 차근차근 해결해 나가는 거지."

승희가 또박또박 대답하자 승현이는 놀란 토끼눈이 되었다.

"우아! 대단한데? 그 정도면 코딩을 바로 시작할 수 있겠어."

"정말? 나 같은 애들도 바로 코딩을 시작할 수 있어?"

승희가 믿기지 않는다는 듯 머리를 갸웃거렸다.

"물론이지. 너처럼 코딩을 낯설어하는 아이들을 위한 프로그램이 있거든."

"그게 뭔데?"

"스크래치라고 미국 MIT 대학에서 만든 프로그램이야."

승현은 당장 컴퓨터를 켜고 인터넷 주소창에 스크래치 사이트 주소(http://scratch.mit.edu)를 입력했다.

"자, 스크래치 웹사이트에 가입부터 하자. 그러면 네가 여기서 만든 것들을 저장했다가 나중에 불러올 수 있어."

컴퓨터 앞에 앉은 승희가 긴장한 표정으로 마우스를 움직이기 시작했다.

https://scratch.mit.edu

1 스크래치 가입 버튼을 찾아서 마우스로 클릭한다.
➡ 스크래치 가입이라는 작은 창이 뜬다.

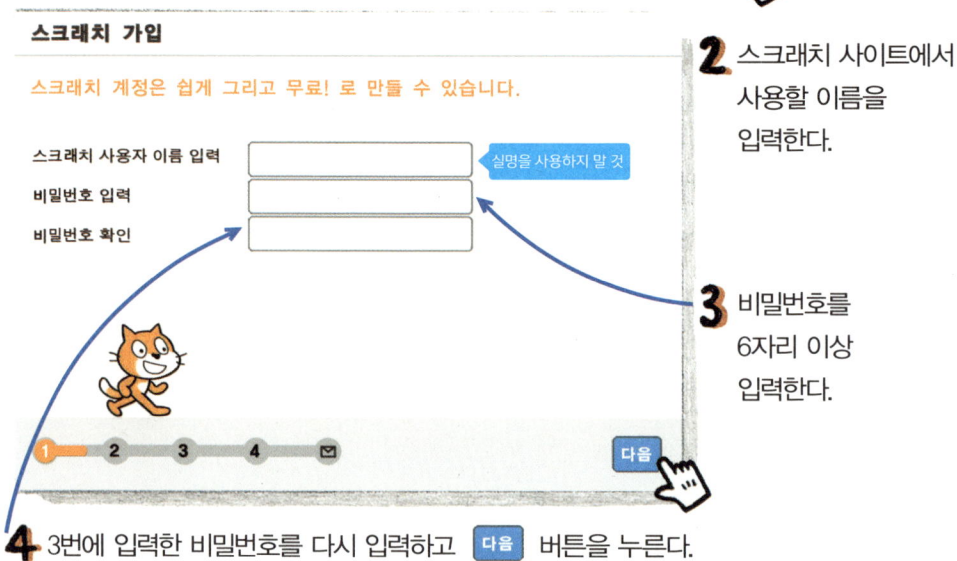

2 스크래치 사이트에서 사용할 이름을 입력한다.

3 비밀번호를 6자리 이상 입력한다.

4 3번에 입력한 비밀번호를 다시 입력하고 `다음` 버튼을 누른다.

5 출생 년도와 출생 월을 선택한다.

6 해당되는 성별을 선택한다.

7 사용 국가에서 South Korea를 선택한다.
`다음` 버튼을 누른다.

8 부모님이나 보호자 메일 주소를 입력한다.

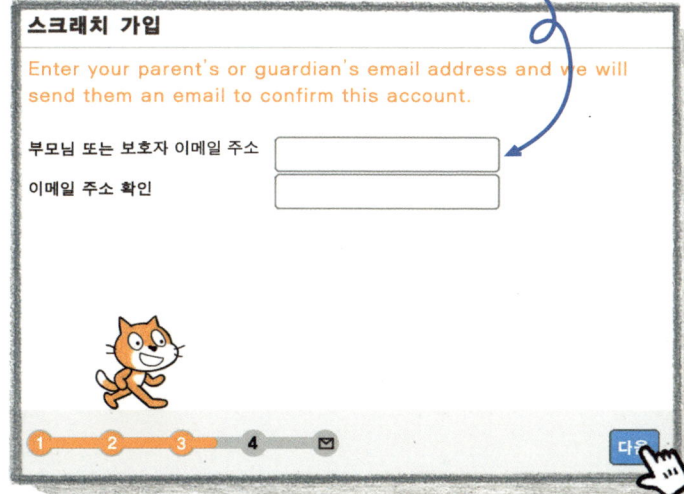

너의 이메일도 괜찮아.

9 다음 버튼을 누르면 스크래치에 가입되었다는 내용이 뜬다.

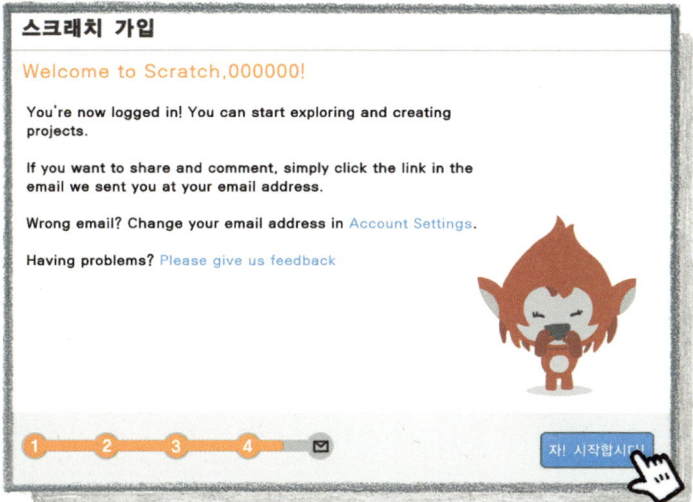

야호! 가입 끝!

메뉴 설명이야!

스크래치로
프로그램을
코딩할 수 있다.

다른 사람이 만든
코딩 프로그램을
살펴볼 수 있다.

관심사에 관해
다른 사람들과
의견을 나눌 수 있다.

스크래치
사이트를
소개한다.

SCRATCH   만들기   탐험하기   토론하기   소개

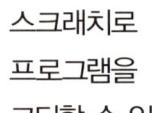 자, 스크래치 첫 화면이야.

 와, 메뉴가 다양하네! 근데 이건 뭘까? 탐험하기?

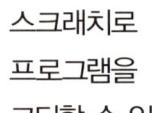 다른 사람들이 코딩한 프로그램을 볼 수 있는 곳이야. 초등학생들이 만든 게임도 많아.

 뭐? 우리 같은 초등학생이 게임을 코딩한단 말이야?

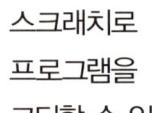 놀라긴. 너도 마음만 먹으면 지금이라도 당장 만들 수 있어.

 그럼 당장 시작하자!

| 스크래치의 다양한 기능을 소개한다. | 코딩 프로그램 제목과 닉네임을 검색할 수 있다. | 로그인을 할 수 있다. | 스크래치 사이트에 가입할 수 있다. |

↓ ↓ ↓ ↓

도움말　　　　　　　　　　**로그인**　　**스크래치 가입**

 좋아! 일단 로그인부터 해 봐.

 그건 기본이지. 자, 그 다음엔?

 파란색 메뉴 줄 위에 있는 '만들기' 버튼을 눌러 봐.

 와, 이 귀여운 고양이가 나타났어. 오른쪽에는 알록달록한 블록들이 모여 있네? 뭔가 복잡해 보여.

 알고 보면 간단해. 지금부터 내가 기능을 하나하나 가르쳐 줄게!

메뉴줄

언어 선택, 파일 불러오기,
내려받기, 편집하기, 도움말 기능을
이용할 수 있다.

툴바

복사, 삭제, 확대, 축소,
블록 도움말 기능을 이용할 수 있다.

프로젝트 이름

지금 코딩하고 있는 프로그램의
이름을 지정할 수 있다.

무대

스프라이트가
움직이는 공간이다.

스프라이트 목록

현재 프로젝트에 포함된
스프라이트들을 보여 준다.

무대 정보

무대 배경을
선택할 수 있다.

새로운 스프라이트 버튼

처음에 설정된 고양이 말고도
새로운 스프라이트를 만들 수 있다.

1. 스프라이트 목록 정하기

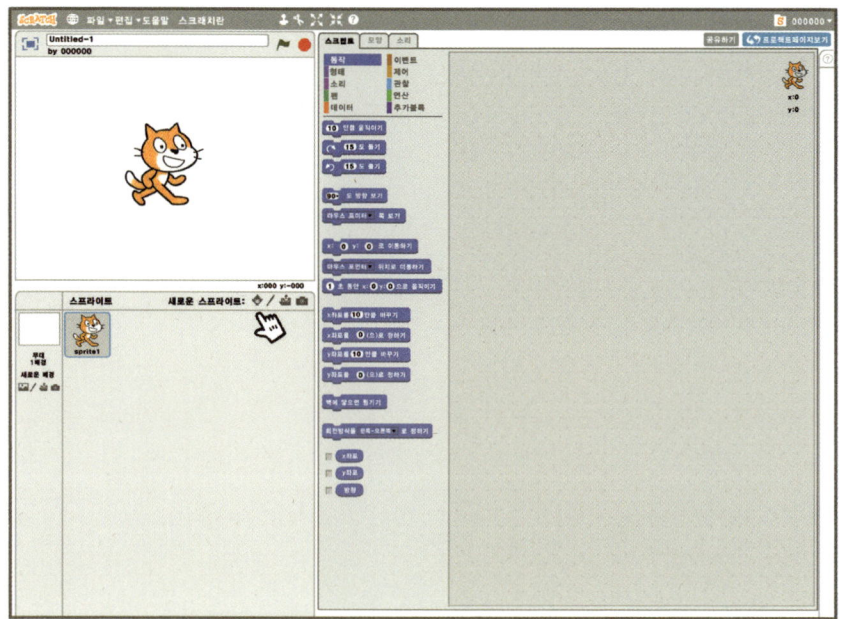

🧒 드디어 시작이다! 뭐부터 할까?

👨 우선 네가 코딩하고 싶은 걸 정해야지.

🧒 뭔가를 신나게 두들겨 잡는 게임을 만들고 싶어.

👨 역시 이승희답네. 넌 겁이 없어서 바퀴벌레도 잘 잡으니까 '벌레 잡기 게임'을 만들어 볼래?

🧒 뭐야? 마음엔 별로 안 들지만 일단 그렇게 하자!

😎 우선 스프라이트부터 바꾸자. 저 고양이처럼 무대에서 움직이는 걸 스프라이트라고 해.

😊 난 벌레 잡기 게임을 만들 거니까 벌레가 필요해.

🤓 맞아. '새로운 스프라이트' 글씨 옆에 있는 아이콘을 클릭해 봐.

😊 스프라이트 저장소가 뜨네?

😎 잘했어. 거기에서 벌레 모양 스프라이트를 선택한 다음 확인을 눌러.

😊 와, 벌레가 나타났어! 고양이 스프라이트는 어쩌지?

🤓 필요 없으니 없애야지. 고양이에 마우스 오른쪽 버튼을 클릭한 다음 삭제를 누르면 돼.

2. 벌레가 움직이는 규칙 정하기

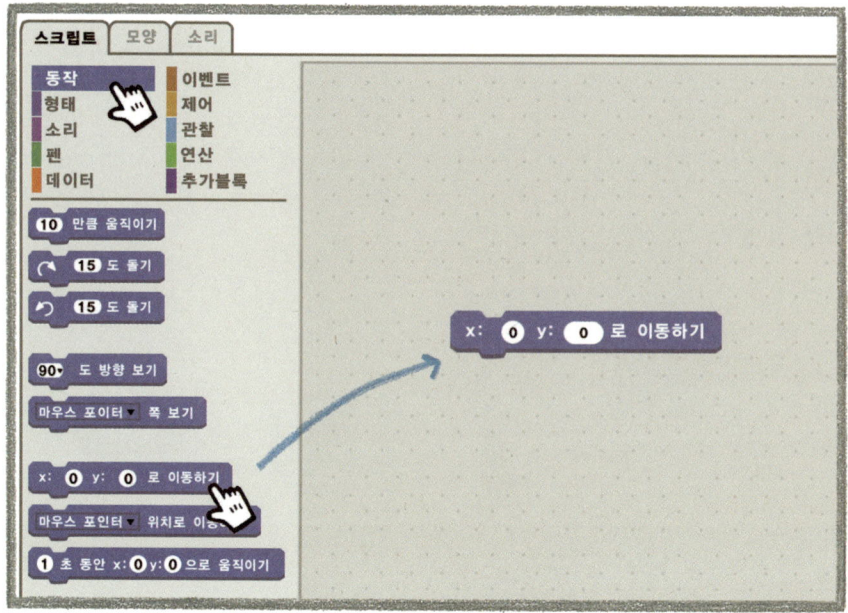

- 근데 벌레는 이리저리 움직이는데 얘는 가만히 있네?
- 성질도 급하긴. 스크립트에 있는 동작 메뉴를 클릭해 봐.
- 와, 클릭하니까 파란색 블록들이 나타났어.
- x: 0 y: 0 로 이동하기 를 스크립트 영역으로 드래그해 봐.
- 스크립트? 그게 뭐였더라.
- 오른쪽 회색 영역이 스크립트야. 꼭 기억해 둬.

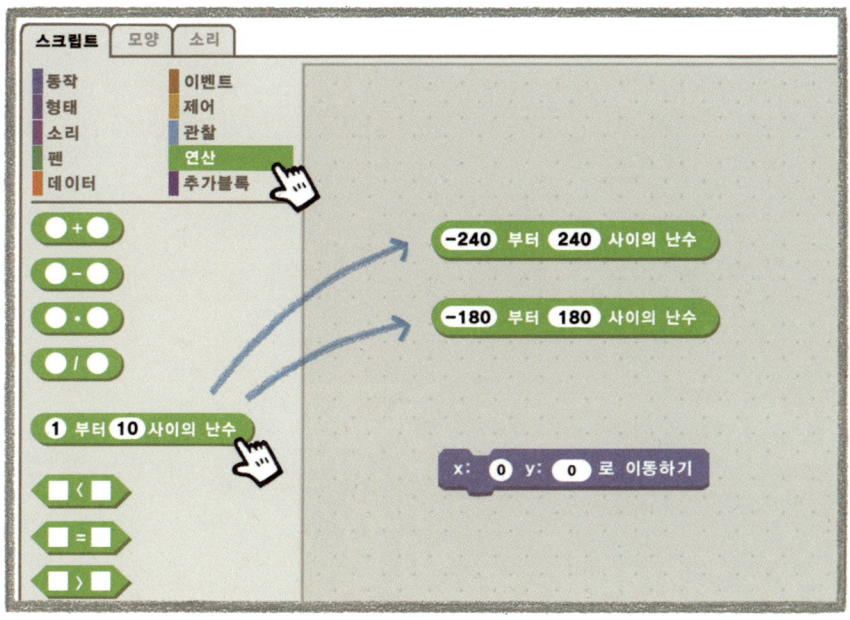

👦 이번에는 스크립트에서 연산 메뉴를 클릭한 다음 `1 부터 10 사이의 난수` 를 찾아 봐.

👧 이거구나? 오른쪽 회색 영역으로 끌고 갈게.

👦 그리고 숫자를 '-240부터 240사이의 난수'라고 고쳐.

👧 숫자가 있는 흰색 칸에 클릭하고 새로운 숫자를 입력하면 되지?

👦 오, 제법인데? 똑같은 블록을 한 번 더 가져와 봐. 이번에는 그 안의 숫자를 -180에서 180사이의 난수라고 고쳐.

👧 응, 알겠어.

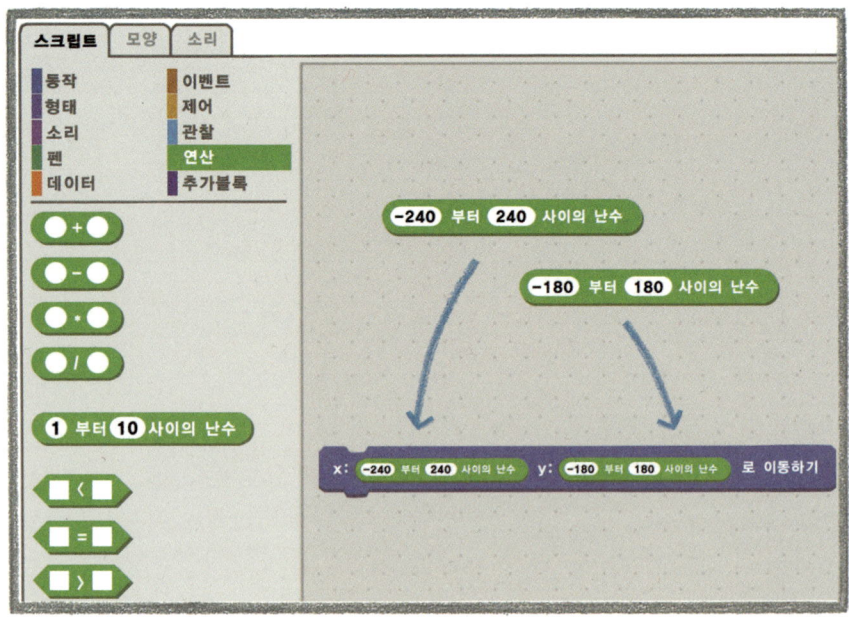

🧒 근데 이 숫자들은 무슨 뜻이지?

👨 아주 간단해. 스크래치 코딩 무대의 가로 크기는 -240에서 240까지이기 때문이야. 그리고 세로는······.

🧒 세로는 -180에서 180 맞지?

👨 그렇지. 이제 초록색 블록을 파란색 동작 블록의 x축과 y축에 각각 넣어 줘. 순서 헷갈리지 않겠어?

🧒 당연하지. x는 가로니까 -240 부터 240 사이의 난수 를, y는 세로니까 -180 부터 180 사이의 난수 를 넣어야지.

3. 이벤트 정하기

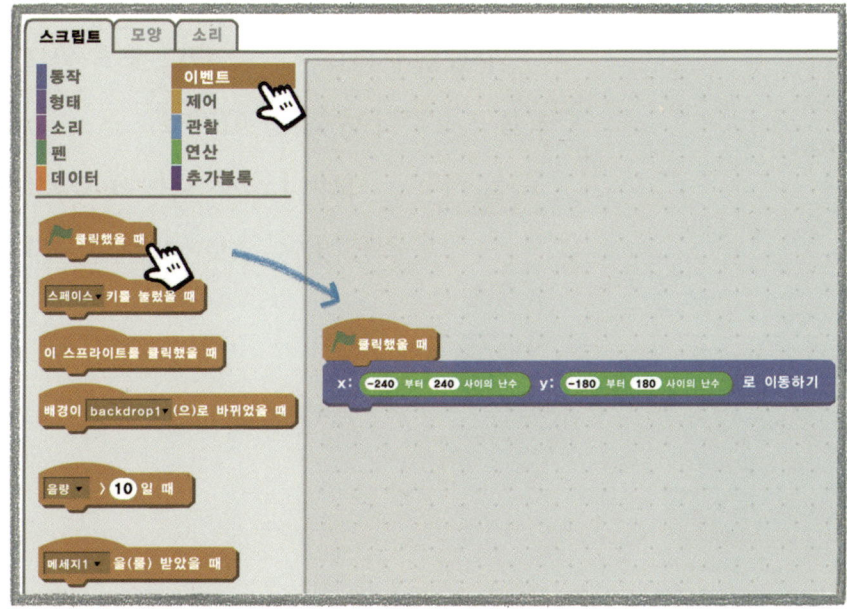

😊 이벤트 메뉴를 클릭해 봐. 보이지? 그걸 동작 블록과 결합시켜.

😊 결합? 난 그런 거 할 줄 몰라.

😊 어휴, 겁먹지 마. 마우스로 드래그해서 동작 블록 옆으로 가져가면 저절로 연결될 테니까.

😊 정말이네? 이거 신기하다! 초록색 깃발 버튼을 누르니 벌레가 막 움직여!

4. 반복해서 움직이기

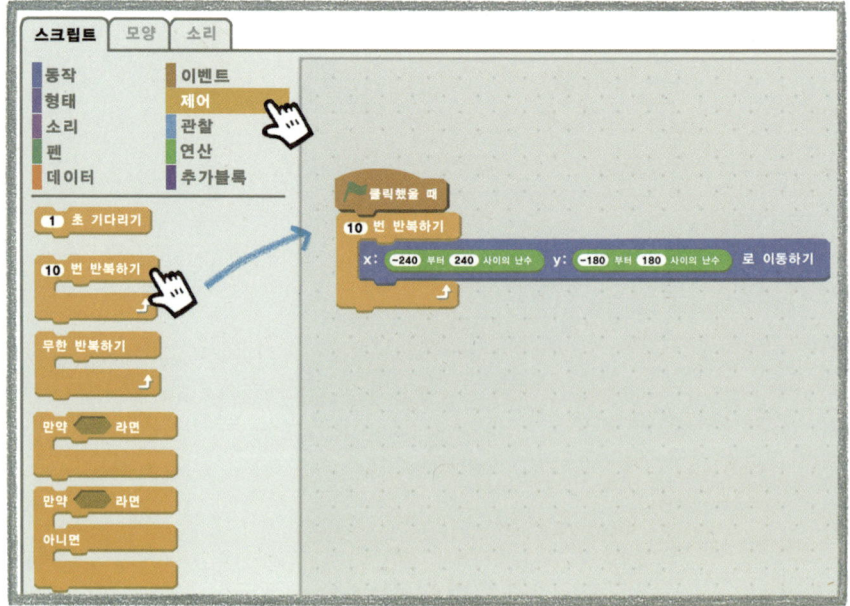

😊 승희야, 너 계속 클릭만 하고 다음 단계는 안 배울 거야?

😊 어쩔 수 없잖아. 계속 눌러 줘야 벌레가 움직이니까.

😊 후훗, 그럴 때는 다 방법이 있지. 이번에는 노란색 제어 메뉴를 클릭해 봐. 아래쪽에 블록 보이지?

😊 응, 찾았어. 이걸 회색 영역으로 끌고 가야겠지?

😊 이제 척척 잘하는데? 이벤트 블록과 동작 블록 사이에 끼우는 거야.

5. 움직임을 제한하기

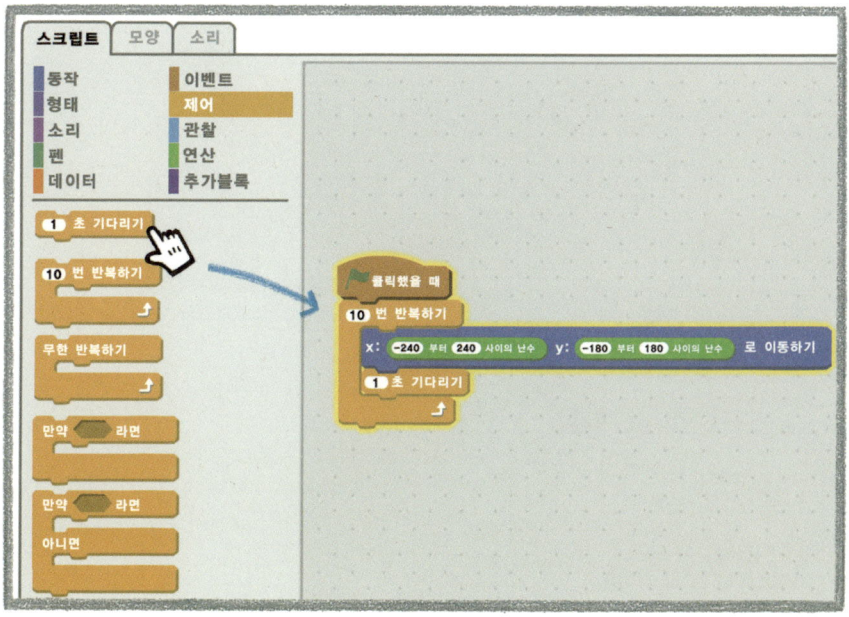

😊 한 번만 클릭해도 벌레가 자동으로 움직이니 훨씬 편리하지?

😊 응! 근데 벌레가 너무 빨리 움직여서 나중에 잡기 힘들 것 같아. 속도를 늦추려면 어떻게 하지?

😊 그럴 땐 제어 메뉴의 [1 초 기다리기] 블록을 가져다 파란색 동작 블록 밑에 끼우면 돼.

😊 좋아! 이제 벌레가 1초마다 움직이니까 딱 적당해.

6. 새로운 이벤트 시작

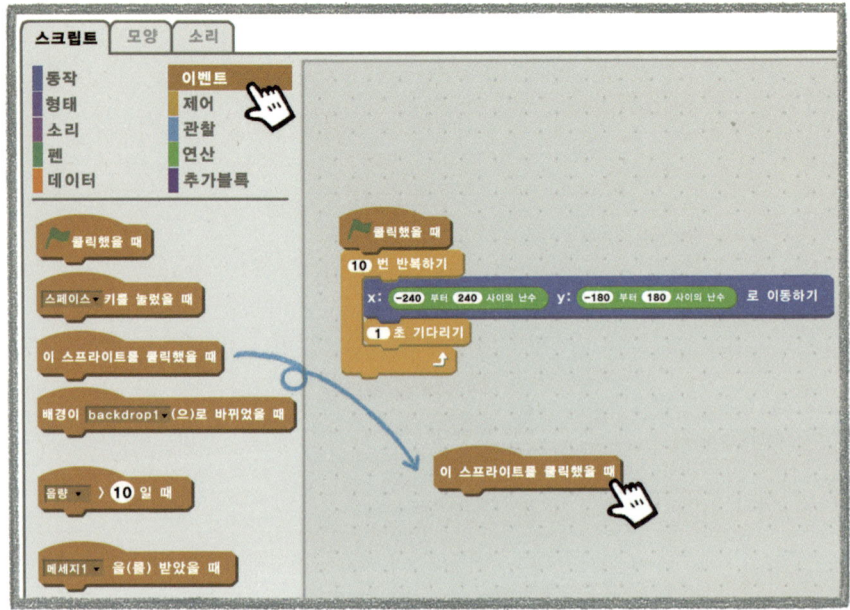

🧒 다음은 벌레를 잡는 부분을 설계해야겠지.

👨 오, 이승희! 너 코딩에 제법 소질이 있는데?

🧒 뭐 이 정도 가지고 호들갑이야.

👨 진짜라니까. 이번에는 이벤트 메뉴를 클릭해 봐.

🧒 벌레 스프라이트를 잡으려면 반드시 클릭을 해야 하니까 여기 `이 스프라이트를 클릭했을 때` 블록을 활용해 볼까?

👨 그래. 오른쪽 회색 영역의 빈 공간에 놓아 둬.

7. 소리 내기

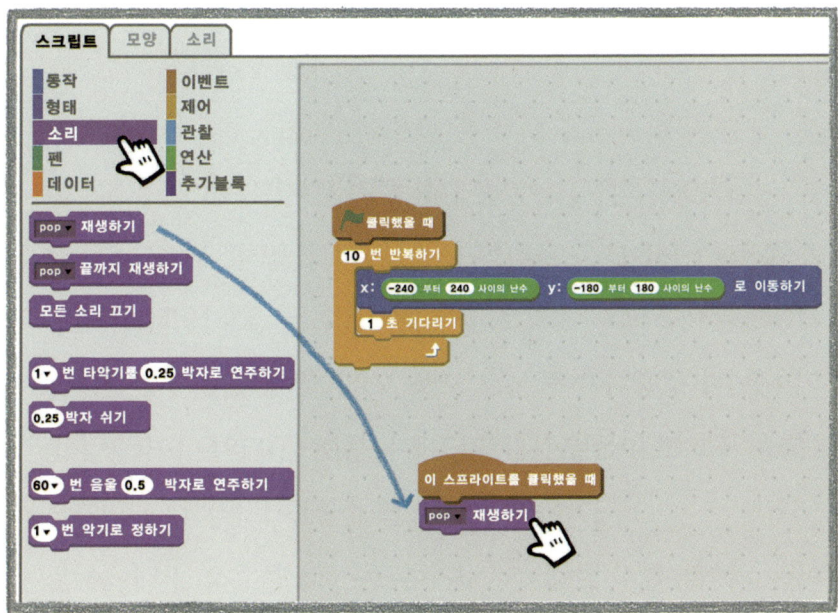

- 승현아, 벌레 잡을 때 효과음은 소리 메뉴로 만들겠지?

- 맞아. 소리 메뉴에 들어가면 pop 재생하기 블록이 있을 거야. 그걸 이 스프라이트를 클릭했을 때 바로 아래에 결합시켜 봐.

- 이제 결합시키는 건 자신 있어.

- 그럼 클릭했을 때 블록을 클릭하고 벌레를 잡아 봐.

- 와! 벌레를 잡을 때마다 정말 소리가 난다!

8. 점수 넣기

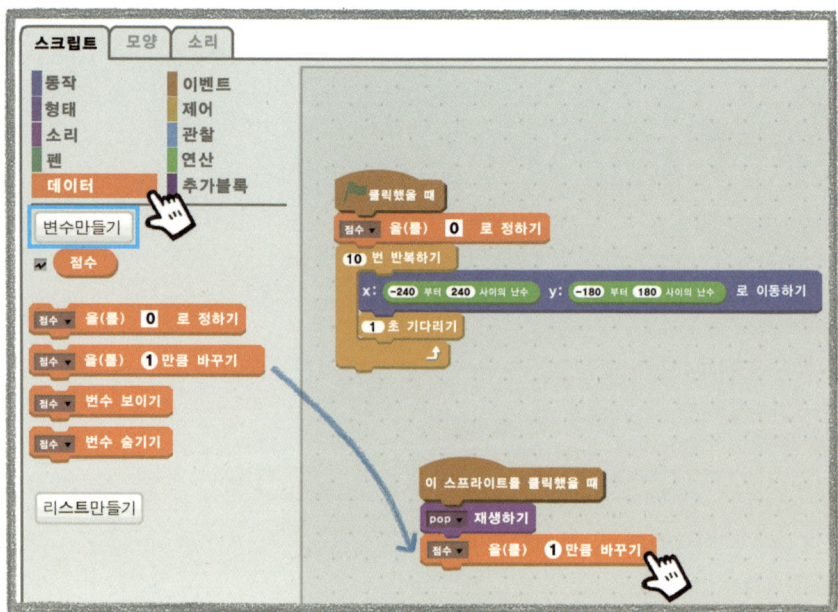

🧑‍🦱 그런데 뭔가 허전하지 않아?

👦 알았다! 게임이면 점수 기능이 있어야지. 아무래도 데이터 메뉴랑 관련이 있을 거 같네.

🧑‍🦱 맞아! 메뉴 아래에 변수만들기 버튼이 보이지?

👧 그걸 클릭하니 변수 이름을 정하는 창이 뜨네.

🧑‍🦱 거기에 '점수'라고 입력하고 확인 버튼을 누르면 모든 데이터 블록에 자동으로 '점수'라고 표시될 거야.

😊 아하! `점수 을(를) 0 로 정하기` 를 사용하면 게임을 처음 시작할 때마다 점수가 다시 0이 되겠네?

🤓 이승희, 너 혹시 코딩 천재야? 맞았어. `클릭했을 때` 블록 아래에 끼우면 돼.

😏 훗, 이 정도 가지고! 점수가 올라가는 기능도 있어야 하니까 이제 `점수 을(를) 1 만큼 바꾸기` 블록을 써 볼까?

🤓 벌레를 잡고 난 다음 점수가 나야 하니까 `pop 재생하기` 블록 아래에 결합해. 와, 드디어 이승희 어린이가 최초로 만든 게임 탄생!

😊 내가 코딩을 하다니! 아직도 믿기지가 않아.

스크래치 세상에 온 것을 환영합니다!

　스크래치 프로그램에는 다양한 명령어 블록이 갖춰져 있어요. 각 블록은 동작·형태·소리·펜·데이터·이벤트·제어·관찰·연산·추가 블록 등 종류에 따라 각기 다른 색깔로 구분되어 있지요. 이런 블록들을 활용하면 누구나 쉽게 코딩할 수 있습니다. 스크래치 블록들의 구체적인 기능에 대해 자세히 알아볼까요?

	대표적인 블록	블록이 하는 일
■ 동작	10 만큼 움직이기	스프라이트를 내가 원하는 대로 움직일 수 있어요.
■ 형태	크기를 10 만큼 바꾸기	스프라이트의 크기, 모양, 색깔을 바꾸거나 말풍선으로 말을 하게 할 수 있어요.
■ 소리	pop 재생하기	소리를 재생하거나 소리의 크기, 빠르기를 조절할 수 있어요.

■ 펜	펜 내리기	'펜'으로 선을 그릴 수 있고 '도장'은 스프라이트를 복사할 수 있어요.
■ 데이터	점수 을(를) 1 만큼 바꾸기	숫자나 문자를 저장할 수 있어요.
■ 이벤트	이 스프라이트를 클릭했을 때	블록을 언제 실행시킬지 설정할 수 있어요.
■ 제어	10 번 반복하기	반복 알고리즘과 판단 알고리즘을 활용할 수 있어요.
■ 관찰	마우스를 클릭했는가?	어떤 일이 일어났는지 확인하거나, 질문과 대답을 입력할 수 있어요.
■ 연산	1 부터 10 사이의 난수	숫자를 더하거나 빼고, 수의 크기를 판단할 수 있어요.
■ 추가 블록	motor 파워를 (으)로 정하기	코딩할 때 필요한 새로운 블록을 자유롭게 만들 수 있어요.

같이 코딩 만들래?

따뜻한 햇살이 방 안으로 들어온 지 한참 지났지만 승현이는 여전히 이불 속에서 꼼지락대고 있었다. 일요일 아침이었기 때문이다. 승현이는 다시 눈을 감고 이불을 머리 끝까지 뒤집어썼다. 솜사탕처럼 부드러운 잠이 밀려왔다. 그때였다. 문을 두드리는 소리와 함께 승희의 노랫소리가 들렸다.

"같이 코딩 만들래? 같이 코딩 만들래?"

"아, 짜증나! 내가 엘사냐? 제발 그만 좀 귀찮게 하라고!"

승희는 요즘 툭하면 영화 배경 음악인 '눈사람 만들래'를 '코딩 만들래'로 바꿔 부르며 승현이를 졸졸 따라다녔다.

'어제도 하루 종일 괴롭히더니 또 시작이구나.'

승현이는 한숨을 쉬며 생각했다.

"어쭈, 이래도 안 나와? 내 손에 계약서가 있다는 걸 명심해. 하나, 두울, 세……!"

승희가 숫자를 세기 시작하자 견디지 못한 승현이가 잔뜩 찌푸린 얼굴로 문을 열었다.

"야! 넌 시도 때도 없냐?"

"네가 코딩 배우고 싶으면 언제든지 찾아오라고 했잖아. 여기 계약서에 보면 약속을 어길 시에는 서로가 원하는 물건을 주저 없이 내준다고 되어 있어."

승현이는 아차 싶었다. 승희랑 코딩 수업을 본격적으로 시작하면

서 장난삼아 썼던 계약서가 생각난 것이다.

"야! 그래도 그렇지. 너무 심하잖아."

"시끄러워! 재미있는 걸 어떡해."

승현이는 자기가 처음 코딩을 배울 때 생각이 났다. 코딩이 너무 재밌어서 하루종일 매달리다 보니 엄마가 일주일 동안 컴퓨터 금지령을 내린 적도 있었다.

"휴……. 알았어. 너한테 코딩을 배우라고 한 내가 바보지."

"이제 알았냐?"

승희가 혀를 날름하더니 냉큼 방으로 들어가 컴퓨터 앞에 앉아 스크래치 사이트에 접속했다. 서두르는 승희를 보니 승현이는 슬며시 웃음이 났다.

"승희야, 도대체 뭐가 그렇게 재밌어?"

"몰라! 지금은 이것저것 생각해 보고 만들어 보는 게 즐거워."

"생각대로 잘 되는 것 같아?"

"아니! 실제로 해 보면 이상한 결과가 나올 때가 더 많아."

승현이는 그 마음을 다 안다는 듯이 고개를 끄덕이며 대답했다.

"처음엔 다 그래. 생각대로 안 되면 화날 때도 많지."

"그래도 난 재밌어."

"뭐? 실수가 재미있다고?"

"응. 실수하면 실수한 대로 새로운 결과가 나오잖아. 게다가 왜 실수했는지 원인이 나오니까 오히려 속이 다 후련해."

"와, 이승희! 너 정말 코딩에 재미 붙였구나."

"그렇지."

"좋아. 그러면 내가 특별히 코딩의 비법을 전수하도록 하지."

비법이라는 말에 승희의 눈이 동그랗게 커졌다.

"그게 뭔데?"

"내가 전에 선생님한테 들은 이야기인데 코딩을 하는데 가장 중요한 것은 바로 상상력이래."

"상상력?"

"그래. 한마디로 코딩은 네가 상상한 세상을 현실로 가져오는 기술인 거야."

"그게 무슨 말이야. 조금 더 쉽게 설명해 봐."

승희가 알쏭달쏭한 표정을 지으며 재촉했다.

승현이는 잠시 고민하더니 입을 열었다.

"좋아, 그럼 네가 코딩할 때 무슨 생각을 하는지 말해 봐."

"음……. 오늘은 어떤 프로그램을 만들까? 이런 기능을 넣고 싶은데 어떻게 해야 할까? 이런 생각을 주로 하지."

"바로 그거야. 코딩이 재미있는 이유는 문제를 해결하면서 이런저런 상상을 하기 때문이야."

그제야 승희의 표정이 환해졌다.

"이제 알겠어. 코딩은 단순히 컴퓨터 프로그램을 공부하는 게 아니라 복잡한 문제를 하나하나 해결하는 과정이라는 거지?"

"바로 그거야!"

승희의 말에 승현이가 흥분하며 맞장구를 쳤다.

"좋아. 그럼 오늘은 뭘 상상해 볼까?"

"세계 평화를 지키는 슈퍼 로봇을 만들어 볼까?"

"뭐야. 그건 너무 어렵잖아."

"불가능하다고 생각하기 전에 일단 상상부터 해 보는 거야. 어때, 멋질 것 같지 않아?"

승희는 가만히 눈을 감고 상상에 빠져 들었다. 자그마한 머릿속에 거대한 로봇 세상이 펼쳐지고 있었다.

과학 쫌 하는 아저씨가 주는
어린이날 최고의 선물!

과학의 기초를 잡아주는 처음 과학동화

김대조 외 글 | 소윤경 외 그림 | 이기진 외 감수 | 180쪽 내외 | 각 권 9,500원

01 아인슈타인 아저씨네 탐정 사무소
  2015 소년한국일보 우수어린이도서
  2015 오픈키드 주목받는 새 책
02 다윈 아저씨네 수상한 박물관
  2015 고래가숨쉬는도서관 추천도서
03 장영실 아저씨네 발명 만물상
  2016 세종도서 교양부문 선정
04 레오나르도 다 빈치 아저씨네 피자 가게
05 뉴턴 아저씨네 마법 교실
06 퀴리 아줌마네 오두막 연구소
07 에디슨 아저씨네 상상력 하우스
08 파브르 아저씨네 곤충 사진관
09 갈릴레오 아저씨네 비밀 천문대
10 파스퇴르 아저씨네 왁자지껄 병원
  * 계속 출간됩니다.

〈과학의 기초를 잡아주는 처음 과학동화〉 시리즈 특징
- 재미있는 이야기를 읽으며 과학자들의 대표 이론을 익히고 호기심과 상상력까지 키웁니다.
- 국내 과학 분야 전문가들이 위인의 생애와 이론을 다시 한 번 알기 쉽게 설명합니다.
- 과학 이론을 복습하고 비판적인 글쓰기 능력을 키워 주는 독후활동지가 책 속에 포함되어 있습니다.

중국 판권 수출